Recettes & saveurs d'Asie

Édition originale
Cet ouvrage a été publié pour la première fois
par Murdoch Books Pty Limited, Australie,
sous le titre : *Asian Flavours*.

Édition française
Direction éditoriale : Véronique de Finance-Cordonnier
Édition : Marion Pipart
Traduction : Francine Sirven
Adaptation et mise en pages : Belle Page, Boulogne
Direction artistique : Emmanuel Chaspoul
Couverture : Véronique Laporte
Fabrication : Annie Botrel

ISBN : 978-2-03-584986-1

Les Éditions Larousse utilisent des papiers composés de fibres naturelles, renouvelables, recyclables et fabriquées à partir de bois issus de forêts qui adoptent un système d'aménagement durable. En outre, les Éditions Larousse attendent de leurs fournisseurs de papier qu'ils s'inscrivent dans une démarche de certification environnementale reconnue.

Recettes & saveurs d'Asie

LAROUSSE

21 rue du Montparnasse 75283 Paris Cedex 06

SOMMAIRE

DU WOK AUX BAGUETTES

Le monde change. L'avion abolit les distances et les autoroutes de l'information nous propulsent aujourd'hui aux quatre coins de la planète, nous offrant le monde sur un plateau. Dans le domaine de la cuisine, cette ouverture sans précédent a donné à de nombreux chefs étoilés l'occasion de découvrir un univers encore méconnu à travers une multitude de préparations asiatiques. Douceurs chinoises et currys indiens ont toujours suscité l'engouement des cuisiniers occidentaux ; mais l'étude plus approfondie de la gastronomie asiatique, à la recherche des « vraies » cuisines thaïe, vietnamienne, coréenne, japonaise, indonésienne et malaise, révèle un monde riche de saveurs, de textures et de couleurs à nul autre pareil, une cuisine où se mêlent senteurs exotiques, sons et sensations inédites, où la séduction naît de la rencontre des parfums délicats de la citronnelle, du gingembre, de la coriandre ou du citron vert fraîchement hachés. Le velouté des nouilles de riz, le craquant des rouleaux de printemps tout juste frits et la complexité aromatique des currys épicés constituent à ce titre des expériences gustatives majeures. Si vous vous demandez où vous allez bien pouvoir trouver tous ces ingrédients exotiques, ne vous inquiétez pas ; ils sont tous présents dans les rayons des épiceries asiatiques et même dans de plus en plus de grandes surfaces.

Un des principaux attraits de la cuisine asiatique tient au fait que l'essentiel du travail de préparation (hacher, moudre, émincer, broyer, envelopper) peut s'effectuer à l'avance ; une petite friture ou une cuisson vapeur de dernière minute, un ultime tour de cuillère dans un curry ou un ragoût, puis un dressage express dans des bols ou des assiettes de service, et le tour est joué ! Le festin oriental est prêt à être dégusté ! Bœuf épicé, curry d'agneau ou *chow mein* de poulet, somptueux buffets à thème thaï, indien ou vietnamien, les *Recettes & saveurs d'Asie* sont autant d'invitations à sortir vos baguettes et à faire chauffer le wok !

ENTRÉES CROQUANTES

ROULEAUX DE PRINTEMPS CHINOIS

POUR **30 rouleaux**
PRÉPARATION : **45 min**
CUISSON : **20 min**

- 2 champignons shiitakés séchés
- 6 cuill. à soupe d'huile d'arachide
- 1/2 branche de céleri finement hachée
- 2 oignons nouveaux émincés
- 30 g de pousses de bambou en conserve, émincées (voir NOTE)
- 40 g de feuilles de chou chinois (wong bok) grossièrement coupées
- 2 gousses d'ail écrasées
- 2 cuill. à café de gingembre frais haché
- 1 cuill. à soupe de fécule de maïs
- 1 pincée de sucre en poudre
- 1 filet d'huile de sésame
- huile pour la friture
- sel du moulin

Pour la marinade

- 250 g de porc haché
- 1 1/2 cuill. à café de sauce soja foncée
- 2 cuill. à café de xérès sec
- 1/2 cuill. à café de cinq-épices
- 1 cuill. à soupe de fécule de maïs

Pour la pâte

- 1 cuill. à soupe de fécule de maïs
- 250 g de galettes de riz assouplies dans de l'eau chaude, puis égouttées

Pour la sauce

- 2 cuill. à soupe de sauce soja
- 1 cuill. à soupe de sauce hoisin
- 1 cuill. à soupe de sauce aux prunes
- 1 cuill. à soupe de sauce aux piments doux

Déposez les champignons shiitakés dans un récipient résistant à la chaleur, couvrez-les d'eau bouillante et laissez-les tremper pendant 20 minutes. Égouttez-les, séchez-les avec du papier absorbant, puis retirez les pieds et émincez les chapeaux.

Dans un saladier non métallique, mélangez le porc, la sauce soja foncée, le xérès, le cinq-épices et la fécule de maïs, puis laissez reposer pendant 15 minutes.

Préparez la marinade. Dans un wok à feu vif, faites chauffer 2 cuillerées à soupe d'huile d'arachide, ajoutez le céleri, les oignons nouveaux, les pousses de bambou et le chou chinois, puis faites revenir 3 ou 4 minutes, jusqu'à ce que les légumes s'attendrissent. Salez, puis réservez.

Faites chauffer le reste de l'huile d'arachide dans le wok, ajoutez l'ail et le gingembre, puis faites-les cuire 30 secondes. Incorporez le porc et faites-le revenir 2 ou 3 minutes, jusqu'à ce qu'il soit presque cuit. Dans un bol, délayez la fécule de maïs avec 4 cuillerées à soupe d'eau. Transvasez dans le wok les légumes cuits réservés et les champignons, puis versez le sucre en poudre, l'huile de sésame, la fécule de maïs délayée et mélangez pendant 2 minutes. Ôtez du feu et laissez refroidir.

Préparez la pâte. Délayez la fécule de maïs avec 1 cuillerée à soupe d'eau. Étalez une galette de riz sur le plan de travail, en pointant un angle vers vous. Déposez 2 cuillerées à café de garniture au centre, puis badigeonnez le pourtour d'un peu de fécule délayée. Roulez la feuille en partant de l'angle, tout en repliant les côtés sur la garniture, de manière à former un cylindre. Renouvelez l'opération avec les autres feuilles et le reste de la garniture, jusqu'à obtention de trente rouleaux.

Préparez la sauce. Dans un saladier, versez la sauce soja, la sauce hoisin, la sauce aux prunes, la sauce aux piments et 6 cuillerées à soupe d'eau. Mélangez bien le tout.

Emplissez un wok ou une friteuse au tiers d'huile de friture et faites-la chauffer à 180 °C. Faites frire les rouleaux jusqu'à ce qu'ils soient dorés, en procédant en plusieurs fois, si nécessaire, puis égouttez-les sur du papier absorbant. Servez les rouleaux chauds, accompagnés de la sauce.

NOTE : cultivées en Asie et récoltées en hiver alors qu'elles atteignent environ 15 centimètres, les pousses de bambou, tendres et croquantes, sont consommées comme légume. En Europe, on les trouve conditionnées en conserve.

CALMARS FRITS AU POIVRE

POUR **10 personnes**
PRÉPARATION : **30 min**
CUISSON : **10 min**

- 1 kg de calmars
- 25 cl de jus de citron
- 250 g de fécule de maïs
- 1 cuill. à soupe de sel
- 1 cuill. à soupe de poivre blanc moulu
- 1 cuill. à café de sucre en poudre extra-fin
- 4 blancs d'œufs légèrement battus
- huile pour la friture
- 1 citron coupé en rondelles
- quelques feuilles de coriandre

Coupez les calmars en deux dans le sens de la longueur, rincez-les, puis séchez-les avec du papier absorbant. Disposez les moitiés de calmar sur une planche à découper, côté intérieur en dessus. Pratiquez plusieurs incisions en diagonale, de manière à créer un motif en losanges, en veillant à ne pas trop entailler la chair. Déposez les calmars dans un saladier non métallique et arrosez-les de jus de citron. Couvrez et réservez au réfrigérateur pendant 15 minutes.

Dans un bol, mélangez la fécule de maïs, le sel, le poivre blanc et le sucre en poudre. Égouttez les calmars sur du papier absorbant, puis plongez-les dans les blancs d'œufs battus et saupoudrez-les de la fécule assaisonnée.

Emplissez un wok ou une friteuse au tiers d'huile et faites-la chauffer à 180 °C. Faites frire les calmars 1 ou 2 minutes, jusqu'à ce que la chair blanchisse et se recroqueville, en procédant en plusieurs fois, si nécessaire. Égouttez-les sur du papier absorbant, parsemez de coriandre et servez sans attendre, accompagné de rondelles de citron.

TEMPURA DE CREVETTE

POUR **4 personnes**
PRÉPARATION : **25 min**
CUISSON : **10 min**

- 12 grosses crevettes crues
- huile pour la friture
- 1 feuille de nori grillée, puis grossièrement coupée

Pour la pâte

- 1 œuf
- 25 cl d'eau glacée
- 125 g de farine tamisée
- 2 glaçons

Détachez la tête des crevettes et décortiquez-les en partie, en laissant l'extrémité de la queue intacte, puis incisez légèrement le dos et retirez la veine noire. À l'aide d'un couteau pointu, pratiquez trois ou quatre entailles en diagonale dans chaque crevette. Séchez-les avec du papier absorbant.

Préparez la pâte. Cassez l'œuf au-dessus d'un grand saladier, puis battez-le à l'aide de baguettes ou d'une fourchette. Versez l'eau glacée et fouettez énergiquement. Ajoutez la farine en une fois, mélangez avec les baguettes, puis incorporez les glaçons – la pâte obtenue doit être grumeleuse.

Emplissez un wok ou une friteuse au tiers d'huile et faites-la chauffer à 180 °C. Plongez les crevettes dans la pâte, puis faites-les frire 1 minute quatre par quatre. Déposez un peu de la pâte restante sur les beignets de crevette en cours de cuisson, de manière à obtenir un enrobage irrégulier. Égouttez les beignets sur du papier absorbant, parsemez-les de nori et servez sans attendre.

SAMOUSSAS

POUR **24 samoussas**
PRÉPARATION : **30 min**
CUISSON : **25 min**

- 1 cuill. à soupe d'huile végétale
- 1 oignon haché
- 1 cuill. à café de gingembre frais râpé
- 1 gousse d'ail écrasée
- 2 cuill. à café de cumin en poudre
- 2 cuill. à café de garam masala (voir NOTES)
- 1 ½ cuill. à café de piment de Cayenne
- 1 pincée de curcuma en poudre
- 300 g de pommes de terre coupées en dés de 1 cm de côté, puis bouillies
- 40 g de petits pois surgelés
- 2 cuill. à soupe de feuilles de coriandre hachées
- 1 cuill. à café de jus de citron
- 6 feuilles de pâte feuilletée prête à l'emploi
- huile pour la friture
- sel et poivre du moulin

Pour la sauce raïta

- 2 petits concombres pelés
- 250 g de yaourt au lait entier
- 1 cuill. à café de cumin en poudre
- 1 cuill. à café de graines de moutarde (voir NOTES)
- 1/2 cuill. à café de gingembre frais râpé

Préparez la sauce raïta. Placez les concombres et le yaourt dans le bol d'un robot, puis mixez-les. Dans une poêle à feu moyen, réunissez le cumin et les graines de moutarde, puis faites-les revenir à sec 1 minute, jusqu'à ce que les arômes se développent et que les graines roussissent. Incorporez les épices au mélange de concombre et de yaourt, puis ajoutez le gingembre. Assaisonnez selon votre goût, remuez bien le tout et réservez au réfrigérateur.

Dans un wok à feu moyen, faites chauffer l'huile végétale, ajoutez l'oignon, le gingembre et l'ail, puis faites-les cuire 2 minutes, jusqu'à ce qu'ils commencent à fondre. Incorporez les épices, les dés de pomme de terre bouillis, les petits pois surgelés et 2 cuillerées à café d'eau, puis laissez cuire 1 minute, jusqu'à ce que le liquide se soit évaporé. Ôtez du feu, ajoutez la coriandre et le jus de citron, puis réservez.

Découpez douze disques de pâte feuilletée avec un emporte-pièce de 12 cm de diamètre. Partagez chaque disque en deux, formez un cône avec chaque moitié, puis humidifiez légèrement les bords de la pâte et scellez-les, en laissant une ouverture assez large au sommet pour introduire la garniture. Glissez-en 3 cuillerées à café à l'intérieur de chaque cône, puis refermez-les. Répétez l'opération pour obtenir vingt-quatre samoussas.

Emplissez un wok ou une friteuse au tiers d'huile de friture et faites-la chauffer à 180 °C. Faites frire les samoussas 1 ou 2 minutes, jusqu'à ce qu'ils soient dorés, en procédant en plusieurs fois, si nécessaire. Égouttez-les sur du papier absorbant. Assaisonnez et servez les samoussas accompagnés de la sauce raïta glacée.

NOTES :

- La sauce raïta peut se préparer à l'avance et se conserve jusqu'à 3 jours au réfrigérateur, dans un récipient hermétique.
- Le garam masala est un mélange d'épices, dont le nom signifie littéralement « épice brûlant ». Très utilisé dans la cuisine indienne, on le dose cependant avec parcimonie.
- Les graines de moutarde sont fréquemment utilisées dans la cuisine indienne. Il est préférable de les faire frire avant de les cuisiner pour qu'elles délivrent tous leurs arômes.

AILES DE POULET FARCIES

POUR **12 ailes farcies**
PRÉPARATION : **30 min**
CUISSON : **20 min**

> 12 ailes de poulet
> 20 g de vermicelles de riz (voir NOTES)
> 1 cuill. à soupe de sucre de palme ou de sucre roux
> 2 cuill. à soupe de sauce nuoc-mâm (voir NOTES)
> 200 g de porc haché
> 2 oignons nouveaux émincés
> 3 gousses d'ail hachées
> 1 petit piment rouge haché
> 3 cuill. à soupe de feuilles de coriandre hachées
> huile pour la friture
> un peu de farine de riz
> un peu de sauce aux piments doux ou forts
> sel et poivre du moulin

Désossez les ailes de poulet à l'aide d'un petit couteau pointu, en débutant par l'extrémité la plus charnue de chacune. Dégagez l'os en écartant la chair et la peau au fur et à mesure de votre progression vers l'articulation. Faites tourner et tirez sur la partie de l'os dégagée, de manière à le détacher de l'articulation – veillez à ne pas percer la peau. Répétez l'opération pour chaque aile.

Placez les vermicelles de riz dans un petit saladier résistant à la chaleur, couvrez-les d'eau bouillante et faites-les tremper pendant 7 minutes pour les ramollir. Égouttez-les et coupez-les en morceaux d'environ 2 cm de long avec des ciseaux. Dans un bol, réunissez le sucre de palme et la sauce nuoc-mâm, puis remuez jusqu'à ce que le sucre soit dissous. Déposez le porc, les oignons nouveaux, le piment et la sauce nuoc-mâm sucrée dans le bol d'un robot, puis mixez-les et transvasez la préparation dans un saladier. Ajoutez la coriandre et les morceaux de vermicelles de riz.

Répartissez la préparation en douze portions égales, farcissez-en chaque aile de poulet, puis refermez-les à l'aide de piques en bois.

Disposez les ailes de poulet farcies au fond d'un panier-vapeur en bambou ou métallique. Couvrez et faites cuire 8 minutes, au-dessus d'un wok empli d'eau frémissante, puis retirez les ailes de poulet du panier-vapeur. Laissez-les refroidir et se raffermir.

Emplissez un wok ou une friteuse au tiers d'huile et faites-la chauffer à 180 °C. Versez la farine de riz dans une assiette et assaisonnez-la. Passez-y les ailes de poulet pour les enrober, puis faites-les frire jusqu'à ce qu'elles soient dorées et que la garniture soit cuite, en procédant en plusieurs fois, si nécessaire. Égouttez-les sur du papier absorbant. Retirez les piques en bois et servez les ailes de poulet farcies accompagnées de sauce aux piments.

NOTES :

• Fabriquées à partir de farine de riz, les nouilles de riz se déclinent des fins vermicelles jusqu'aux larges rubans. Comme elles sont très sensibles à l'humidité, il n'est pas nécessaire de les cuire, mais juste de les tremper quelques minutes dans de l'eau bouillante, avant de les accommoder.
• La sauce nuoc-mâm est rougeâtre et a l'odeur et le goût de sardine. On l'obtient en faisant mariner des petits poissons avec du sel et du sucre.

BEIGNETS DE CREVETTE ÉPICÉS

POUR **16 beignets**
PRÉPARATION : **20 min**
CUISSON : **10 min**

> 16 grosses crevettes
> 85 g de farine de pois chiches
> 1/2 cuill. à café de levure chimique
> 1 pincée de curcuma en poudre
> 1 cuill. à café de graines de coriandre en poudre
> 1/2 cuill. à café de cumin en poudre
> 1/2 cuill. à café de piment de Cayenne
> 1 cuill. à soupe de blanc d'œuf
> huile pour la friture
> sel du moulin

Pour la sauce

> 250 g de yaourt au lait entier
> 3 cuill. à soupe de feuilles de coriandre hachées
> 1 cuill. à café de cumin en poudre
> 1 pincée de garam masala

Détachez la tête des crevettes et décortiquez-les en partie, en laissant l'extrémité de la queue intacte, puis incisez légèrement le dos et retirez la veine noire.

Tamisez la farine de pois chiches, la levure et les épices au-dessus d'un grand saladier. Salez légèrement. Creusez un puits au centre du mélange et versez-y progressivement 25 cl d'eau, en remuant délicatement, de manière à bien lier la préparation. Montez le blanc d'œuf en neige ferme et incorporez-le à la pâte ainsi obtenue.

Emplissez un wok ou une friteuse au tiers d'huile et faites-la chauffer à 180 °C. Saisissez les crevettes par la queue, plongez-les dans la pâte, puis déposez-les dans le bain de friture à l'aide d'une pince et faites-les frire jusqu'à ce que la pâte soit dorée, mais pas encore croustillante, en procédant en plusieurs fois, si nécessaire. Égouttez les beignets sur du papier absorbant.

Préparez la sauce. Dans un saladier, mélangez le yaourt, les feuilles de coriandre et le cumin, puis saupoudrez de garam masala. Servez avec les beignets de crevette épicés.

ROULEAUX DE PRINTEMPS THAÏS AU POULET

POUR **30 rouleaux**
PRÉPARATION : **25 min**
CUISSON : **10 min**

> 600 g de poulet haché
> 4 tiges de citronnelle, partie blanche uniquement, finement hachées (voir NOTES)
> 4 piments rouges épépinés et finement hachés
> 6 échalotes roses finement hachées
> 2 cuill. à soupe de menthe vietnamienne hachée (voir NOTES)
> 3 cuill. à soupe de feuilles de coriandre finement hachées
> 2 cuill. à soupe de sauce nuoc-mâm
> 2 cuill. à soupe de jus de citron vert
> 100 g de feuilles de tofu séchées
> huile pour la friture
> 4 feuilles de kaffir ou de citron vert ciselées (voir NOTES)

Dans le bol d'un robot, réunissez le poulet, les tiges de citronnelle, les piments, les échalotes, la menthe, la coriandre, la sauce nuoc-mâm et le jus de citron vert, puis mixez-les jusqu'à obtention d'un mélange homogène.

Découpez trente rectangles de 10 cm x 15 cm dans les feuilles de tofu, puis humidifiez-les un peu afin de les assouplir et de faciliter la mise en forme des rouleaux. Prélevez 1 cuillerée à soupe de la garniture à base de poulet, façonnez-la en cylindre, puis déposez-la au centre d'un morceau de feuille. Roulez la feuille de tofu en partant du côté le plus court du rectangle et en repliant les côtés sur la garniture, de manière à obtenir un rouleau.

Emplissez un wok ou une friteuse au tiers d'huile et faites-la chauffer à 180 °C. Faites frire les rouleaux 1 minute, jusqu'à ce qu'ils soient dorés, en procédant en plusieurs fois, si nécessaire – si la feuille de tofu dore avant que le poulet ne soit cuit, réduisez légèrement le feu. Égouttez les rouleaux sur du papier absorbant, puis servez-les décorés de feuilles de kaffir.

NOTES :
• La citronnelle est une plante aromatique à la saveur délicatement citronnée. Lorsqu'elle est fraîche, elle se compose de tiges vertes terminées par un petit bulbe blanc dont il faut cuisiner la partie claire coupée en morceaux, hachée ou écrasée.
• La menthe vietnamienne a un goût proche de celui de la coriandre, mais avec une saveur plus citronnée qui peut surprendre car elle est très épicée.
• Fraîches ou séchées, les feuilles du citronnier kaffir sont très parfumées et apportent d'agréables notes herbacées et acidulées à de nombreux plats thaïlandais.

CROQUETTES DE POULET FRITES

POUR **30 croquettes environ**
PRÉPARATION : **20 min**
CUISSON : **15 min**
RÉFRIGÉRATION : **30 min**

- 50 g de vermicelles de riz
- 500 g de poulet haché
- 3 gousses d'ail finement hachées
- 1 cuill. à soupe de gingembre frais râpé
- 1 piment rouge épépiné et finement haché
- 1 œuf légèrement battu
- 2 oignons nouveaux émincés
- 4 cuill. à soupe de feuilles de coriandre finement hachées
- 40 g de farine
- quelques châtaignes d'eau en conserve, égouttées et finement hachées (voir NOTES)
- huile pour la friture
- sel du moulin

Pour la sauce

- 12,5 cl de sauce aux piments doux (voir NOTES)
- 12,5 cl de sauce soja
- 1 cuill. à soupe de vin de riz chinois (voir NOTES)

Placez les vermicelles de riz dans un petit bol résistant à la chaleur, couvrez-les d'eau bouillante et laissez-les tremper pendant 6 ou 7 minutes pour les ramollir. Égouttez-les puis coupez-les en petits morceaux avec des ciseaux.

Dans un grand saladier, mélangez le poulet, l'ail, le gingembre, le piment, l'œuf, les oignons nouveaux, la coriandre, la farine, les châtaignes d'eau et 4 cuillerées à soupe d'eau. Incorporez les morceaux de vermicelles de riz, salez, puis réservez au réfrigérateur pendant 30 minutes.

Pendant ce temps, préparez la sauce. Dans un bol, mélangez la sauce aux piments, la sauce soja et le vin de riz.

Prélevez de généreuses cuillerées de la préparation refroidie afin de former des croquettes de la taille de grosses noix.

Emplissez un wok ou une friteuse au tiers d'huile et faites-la chauffer à 180 °C. Faites frire les croquettes 2 minutes, jusqu'à ce qu'elles soient dorées et uniformément cuites, en procédant en plusieurs fois, si nécessaire. Égouttez-les sur du papier absorbant.

Servez les croquettes de poulet frites encore chaudes, accompagnées de la sauce.

NOTES :

- Les châtaignes d'eau sont les bulbes d'une herbe aquatique. Leur saveur douce rappelle à la fois celles des cœurs de palmier et du maïs. On les trouve décortiquées en boîte de conserve ; rincez-les et égouttez-les avant emploi.
- La sauce aux piments doux est une sauce douce à base de piments rouges, de sucre, d'ail, et de vinaigre, que l'on sert habituellement avec les vapeurs.
- Le vin de riz chinois est obtenu à partir de riz gluant. Sucré et assez fort, on l'utilise (comme le mirin japonais) davantage en condiment qu'en vin de table. À défaut, il peut être remplacé par du xérès sec ou du porto.

CROQUANTS D'AGNEAU SUR FEUILLES DE LAITUE

POUR **4 personnes**
RÉFRIGÉRATION : **3 h 30**
PRÉPARATION : **15 min**
CUISSON : **20 min**

- 400 g de filet d'agneau
- 2 cuill. à soupe de sauce soja claire
- 1 cuill. à soupe de vin de riz chinois
- 2 cuill. à café de sauce nuoc-mâm
- 1/2 cuill. à café d'huile de sésame
- 2 gousses d'ail écrasées
- 1 cuill. à café de gingembre frais râpé (voir NOTES)
- 40 g de fécule de maïs
- huile pour la friture
- 12 petites feuilles de laitue
- un peu de sauce aux prunes (voir NOTES)
- 4 oignons nouveaux émincés

Enveloppez le filet d'agneau de film alimentaire et placez-le au congélateur pendant 30 minutes, pour que la viande durcisse un peu. Retirez le film alimentaire et partagez le filet d'agneau en trois fines tranches, dans le sens de la longueur. Recoupez chaque tranche dans l'épaisseur, puis détaillez-les en lamelles. Placez-les dans un saladier, ajoutez la sauce soja, le vin de riz, la sauce nuoc-mâm, l'huile de sésame, l'ail et le gingembre, puis remuez pour bien enrober la viande. Couvrez le saladier et réservez au réfrigérateur pendant 2 heures.

Saupoudrez les lamelles d'agneau mariné de fécule de maïs, mélangez bien, puis étalez-les sur un plateau et réservez-les au réfrigérateur pendant 1 heure, à découvert.

Préchauffez le four à 180 °C (therm. 6). Emplissez un wok ou une friteuse au tiers d'huile de friture et faites-la chauffer à 180 °C. Faites frire les lamelles d'agneau 5 ou 6 minutes, jusqu'à ce qu'elles soient dorées et que la viande soit cuite, en procédant en plusieurs fois, si nécessaire. Retirez-les du bain de friture à l'aide d'une écumoire et égouttez-les sur du papier absorbant. Placez-les dans le four, sur une plaque de cuisson, afin de les maintenir au chaud jusqu'à ce que tous les croquants soient prêts.

Disposez une feuille de laitue au creux de votre main, de manière à former une coupe ; de l'autre, versez dessus quelques gouttes de sauce aux prunes, puis garnissez-la de lamelles d'agneau frites et parsemez d'oignons nouveaux.

NOTES :

- Vous pouvez également servir séparément les lamelles de viande, les feuilles de laitue et les oignons nouveaux, en les plaçant dans différents bols de service, puis laisser vos invités composer leur entrée.
- Pas de cuisine asiatique sans gingembre ! Ce rhizome d'une plante tropicale à la chair très aromatique, parfume de sa saveur poivrée et citronnée soupes, currys, plats de volaille, de viande ou de poisson, ainsi que les desserts. On le trouve facilement frais, en poudre, confit ou mariné.
- La sauce aux prunes, à la saveur aigre-douce, est fabriquée à base de prunes, de sucre, de sel et de vinaigre, additionnés d'un agent épaississant. On la trouve en bocal, à stocker au réfrigérateur après ouverture.

GALETTES DE RIZ ROULÉES AU POULET ET AUX CHAMPIGNONS

POUR **24 rouleaux**
RÉFRIGÉRATION : **2 h**
PRÉPARATION : **30 min**
CUISSON : **20 min**

- 1 ou 2 cuill. à soupe de sauce barbecue chinoise
- 1 cuill. à soupe de vin de riz chinois
- 2 cuill. à café de sauce hoisin + 4 cuill. à soupe
- 2 cuill. à café de sauce soja claire
- 1/2 cuill. à café d'huile de sésame
- 1 pincée de cinq-épices
- 1 pincée de poivre blanc moulu
- 2 cuill. à café de gingembre frais râpé
- 2 oignons nouveaux finement hachés, parties verte et blanche séparées
- 400 g de blanc de poulet, sans la peau, émincé
- 4 champignons shiitakés séchés
- 3 cuill. à soupe d'huile végétale
- 125 g de pousses de bambou en conserve, rincées, égouttées et émincées
- 12 haricots mange-tout grossièrement coupés
- 2 gousses d'ail finement hachées
- 24 galettes de riz carrées
- huile pour la friture

Dans un saladier non métallique, mélangez la sauce barbecue chinoise, le vin de riz, 2 cuillerées à café de sauce hoisin, la sauce soja, l'huile de sésame, le cinq-épices, le poivre blanc, 1 cuillerée à café de gingembre et la partie blanche des oignons nouveaux. Ajoutez les lamelles de poulet et remuez afin de bien enrober la viande. Couvrez et réservez au réfrigérateur. pendant au moins 2 heures.

Pendant ce temps, placez les champignons dans un saladier résistant à la chaleur, couvrez-les d'eau bouillante et laissez-les tremper pendant 20 minutes. Égouttez-les, séchez-les avec du papier absorbant puis retirez les pieds et émincez les chapeaux.

Dans un wok à feu vif, faites chauffer 1 cuillerée à soupe d'huile végétale, ajoutez les champignons émincés, les pousses de bambou et les haricots mange-tout, puis faites-les revenir 1 ou 2 minutes. Ajoutez 1 cuillerée à soupe d'huile végétale, incorporez l'ail et le gingembre restant, faites revenir 30 secondes, puis transvasez le tout dans un saladier non métallique.

Faites chauffer le reste d'huile végétale dans le wok, puis faites revenir les lamelles de poulet marinées 2 ou 3 minutes, jusqu'à ce que la viande soit cuite. Transvasez-la dans le saladier contenant les légumes, ajoutez la partie verte des oignons nouveaux, puis remuez et laissez refroidir pendant 15 minutes.

Plongez brièvement les galettes de riz une à une dans de l'eau chaude pour les assouplir, puis égouttez-les sur du papier absorbant. Étalez une galette de riz sur le plan de travail, en pointant un angle vers vous. Prélevez 1 cuillerée à soupe de la garniture à base de poulet et façonnez-la en cylindre, puis déposez-le au centre de la galette, en diagonale. Repliez la feuille à la manière d'une enveloppe, en rabattant les côtés sur la garniture. Répétez l'opération jusqu'à obtention de vingt-quatre rouleaux.

Emplissez un wok ou une friteuse au tiers d'huile de friture et faites-la chauffer à 180 °C. Faites frire les rouleaux par quatre ou par six 1 ou 2 minutes, jusqu'à ce qu'ils soient uniformément dorés et que la garniture soit cuite. Égouttez-les sur du papier absorbant et servez-les accompagnés de la sauce hoisin.

TRESSES DE SIRÈNE

POUR **4 personnes**
PRÉPARATION : **10 min**
CUISSON : **5 min**

> 350 g de feuilles de chou chinois (bok choy ou pak-choï)
> huile pour la friture
> un peu de sucre en poudre extra-fin
> sel du moulin

Coupez finement les feuilles de chou chinois et séchez-les avec du papier absorbant.

Emplissez un wok ou une friteuse au tiers d'huile et faites-la chauffer à 180 °C. Faites frire les morceaux de chou par poignées environ 20 secondes, jusqu'à ce qu'ils commencent à brunir – en veillant à ne pas les laisser brûler. Égouttez-les sur du papier absorbant. Assaisonnez de sucre en poudre et d'un peu de sel, puis servez les tresses de sirène sans attendre.

CROQUANTS DE VERMICELLES DE RIZ ET LÉGUMES AU SÉSAME

POUR **12 croquants**
PRÉPARATION : **20 min**
CUISSON : **15 min**

> 400 g de vermicelles de riz
> huile pour la friture
> 2 cuill. à café d'huile de sésame
> 2 carottes détaillées en bâtonnets
> 1 poivron rouge épépiné, évidé et coupé en bâtonnets
> 2 courgettes coupées en bâtonnets
> 4 oignons nouveaux coupés en bâtonnets
> 1/2 cuill. à soupe de sauce d'huîtres (voir NOTE)

Déposez les vermicelles de riz dans un saladier résistant à la chaleur, couvrez-les d'eau bouillante et laissez-les tremper pendant 3 minutes pour les ramollir. Égouttez-les bien afin qu'ils soient complètement secs.

Dans une grande poêle creuse à feu moyen, faites chauffer un peu d'huile de friture. Prélevez des cuillerées à soupe de vermicelles de riz et façonnez-les de manière à former des disques, puis plongez-les dans le bain de friture et laissez-les dorer 3 minutes, en procédant en plusieurs fois, si nécessaire. Égouttez-les sur du papier absorbant.

Dans un wok à feu moyen, faites chauffer l'huile de sésame, ajoutez les carottes, le poivron, les courgettes et les oignons, puis faites-les revenir 3 minutes, jusqu'à ce que les légumes commencent à s'attendrir. Versez la sauce d'huîtres dans le wok et prolongez la cuisson 2 minutes. Servez chaque croquant de vermicelles de riz surmonté d'un peu de garniture aux légumes.

NOTE : la sauce d'huîtres, très utilisée dans la cuisine chinoise, est un mélange d'huîtres fraîches, d'amidon, de sucre, de sauce soja, d'épices et de sel. Idéale pour conférer une saveur iodée aux marinades, elle sert aussi de sauce d'accompagnement.

TEMPURA DE LÉGUMES À LA JAPONAISE

POUR **4 personnes**
PRÉPARATION : **25 min**
CUISSON : **15 min**

> 1 petite courgette râpée
> 1 petite pomme de terre coupée en bâtonnets
> 1/2 carotte coupée en bâtonnets
> 1/2 oignon émincé
> 100 g de patate douce râpée
> 4 oignons nouveaux détaillés en morceaux de 2 cm de long
> 4 feuilles de nori grossièrement coupées (voir NOTES)
> 250 g de farine
> 50 cl d'eau gazeuse glacée
> huile pour la friture
> 2 cuill. à soupe de gingembre mariné au vinaigre, grossièrement coupé (voir NOTES)
> sel du moulin

Pour la mayonnaise au wasabi

> 215 g de mayonnaise
> 2 cuill. à café de wasabi (voir NOTES)
> 1 cuill. à café de sauce soja japonaise
> 1 cuill. à café de saké

Préparez la mayonnaise au wasabi. Dans un petit saladier, mélangez tous les ingrédients, puis réservez au réfrigérateur jusqu'au moment de servir.

Dans un saladier, réunissez la courgette, la pomme de terre, la carotte, l'oignon, la patate douce et les oignons nouveaux, puis mélangez le tout.

Tamisez la farine au-dessus d'un grand saladier. Creusez un puits au centre et versez-y l'eau gazeuse, puis remuez brièvement à l'aide de baguettes ou d'une fourchette – la pâte doit rester grumeleuse. Ajoutez les légumes dans le saladier et enrobez-les rapidement de pâte.

Emplissez un wok ou une friteuse au tiers d'huile et faites-la chauffer à 180 °C. Plongez-y délicatement une portion d'environ 60 g de la préparation aux légumes, en veillant à ce que la couche de pâte ne soit pas trop épaisse. Faites frire le beignet 1 ou 2 minutes, jusqu'à ce qu'il soit doré, puis égouttez-le sur du papier absorbant. Répétez l'opération jusqu'à épuisement des ingrédients.

Salez les beignets, puis servez-les sans attendre, accompagnés de mayonnaise au wasabi et de morceaux de gingembre mariné.

NOTES :

• Incontournable dans la gastronomie japonaise, l'algue nori se présente sous forme de feuilles sèches, très fines et prêtes à l'emploi. Elle est l'algue marine la plus courante et la plus consommée au monde.

• Le gingembre mariné au vinaigre est préparé dans un mélange de sauce soja, de sucre, de poivre, d'alcool distillé, de piment et de vinaigre.

• Condiment phare de la cuisine japonaise, le wasabi est une pâte aromatique dont la saveur rappelle celle du raifort. Il est vendu sous forme de poudre verte à diluer ou en tube.

TOASTS DE CREVETTE AU SÉSAME

POUR **36 toasts**
PRÉPARATION : **20 min**
CUISSON : **15 min**

- 350 g de crevettes crues
- 1 gousse d'ail épluchée
- 75 g de châtaignes d'eau en conserve, égouttées
- 1 cuill. à soupe de feuilles de coriandre hachées
- 1 morceau de gingembre de 2 cm de long grossièrement haché
- 2 œufs, blancs séparés des jaunes
- 1 pincée de poivre blanc moulu
- 1 pincée de sel
- 12 tranches de pain blanc, sans la croûte
- 155 g de graines de sésame (voir NOTES)
- huile pour la friture

Pour la sauce

- 12,5 cl de ketchup
- 2 gousses d'ail écrasées
- 2 petits piments rouges épépinés et finement hachés
- 2 cuill. à soupe de sauce hoisin (voir NOTES)
- 2 cuill. à café de Worcestershire sauce

Préparez la sauce. Dans un petit saladier, mélangez tous les ingrédients, puis réservez jusqu'au moment de servir.

Détachez la tête des crevettes et décortiquez-les, puis incisez légèrement le dos et retirez la veine noire. Placez les crevettes dans le bol d'un robot, ajoutez la gousse d'ail, les châtaignes d'eau, la coriandre, le gingembre, les blancs d'œufs, le poivre blanc et le sel, puis mixez de 20 à 30 secondes, jusqu'à ce que la préparation soit homogène.

Dans un bol, battez les jaunes d'œufs, puis badigeonnez-en légèrement le dessus de chaque tranche de pain et étalez uniformément un peu du mélange à base de crevette. Parsemez généreusement de graines de sésame, puis pressez-les délicatement afin qu'elles adhèrent à la garniture. Découpez chaque tranche de pain de manière à obtenir trois toasts de taille égale.

Emplissez un wok ou une friteuse au tiers d'huile et faites-la chauffer à 180 °C. Plongez-y les toasts de crevette et faites-les frire de 10 à 15 secondes, jusqu'à ce qu'ils soient uniformément dorés, en procédant en plusieurs fois, si nécessaire. Retirez les toasts du bain de friture à l'aide d'une pince ou d'une écumoire, égouttez-les sur du papier absorbant, puis servez-les accompagnés de sauce.

NOTES :

• Les graines de sésame sont contenues dans la fleur d'une plante. Une fois débarrassé de la capsule qui l'enveloppe, le sésame brun ou noir devient blanc. Sa saveur, qui rappelle celle de la noisette ou de l'amande, se développe lorsqu'on le fait griller, avant de le broyer pour en faire de la pâte de sésame, ou de le parsemer sur des plats ou des desserts.
• Grand classique des produits originaires de Chine, la sauce hoisin est un mélange de fèves de soja, de sucre, d'eau, de vinaigre et d'épices. Douce et pimentée, on l'utilise pour des marinades ou en assaisonnement.

CREVETTES À LA NOIX DE COCO ET SAUCE PIMENTÉE

POUR **4 personnes**
PRÉPARATION : **35 min**
RÉFRIGÉRATION : **30 min**
CUISSON : **30 min**

- 24 grosses crevettes crues
- 1 œuf
- 1 cuill. à soupe de lait
- 60 g de noix de coco râpée
- les feuilles de 1 bouquet de coriandre hachées
- un peu de farine
- huile pour la friture
- 1 cuill. à soupe de feuilles de coriandre hachées
- sel du moulin

Pour la sauce pimentée

- 2 1/2 cuill. à soupe d'huile végétale
- 300 g d'échalotes roses hachées
- 2 gousses d'ail finement hachées
- 2 cuill. à café de gingembre frais râpé
- 1 piment rouge épépiné et finement haché
- 1 cuill. à café de curcuma en poudre
- 25 cl de crème de coco en conserve (voir NOTES)
- 2 feuilles de kaffir ou de citron vert ciselées
- 2 cuill. à café de jus de citron vert
- 2 cuill. à café de sucre de palme râpé ou de sucre roux (voir NOTES)
- 3 cuill. à café de sauce nuoc-mâm

Détachez la tête des crevettes et décortiquez-les en partie, en laissant la queue intacte, puis incisez légèrement le dos et retirez la veine noire.

Dans un bol, mélangez l'œuf et le lait en les battant légèrement. Réunissez la noix de coco et la coriandre dans une assiette. Farinez chaque crevette, plongez-les dans le mélange d'œuf et de lait, puis enrobez-les de noix de coco à la coriandre. Réservez au réfrigérateur pendant 30 minutes.

Préparez la sauce pimentée. Dans une casserole à feu moyen, faites chauffer l'huile végétale, ajoutez les échalotes, l'ail, le gingembre, le piment et le curcuma, puis faites cuire de 3 à 5 minutes, jusqu'à ce que les ingrédients aient fondu et que les parfums se développent. Versez la crème de coco, les feuilles de kaffir, le jus de citron vert, le sucre de palme et la sauce nuoc-mâm. Portez le tout à ébullition, puis baissez le feu et laissez frémir 2 ou 3 minutes, jusqu'à ce que la sauce épaississe. Réservez au chaud.

Remplissez un wok ou une friteuse au tiers d'huile de friture et faites-la chauffer à 180 °C. Plongez-y délicatement les crevettes, en les tenant par la queue à l'aide d'une pince, et faites-les frire de 3 à 5 minutes, jusqu'à ce qu'elles soient dorées, en procédant en plusieurs fois, si nécessaire. Égouttez-les sur du papier absorbant, puis salez.

Servez les crevettes à la noix de coco accompagnées de sauce pimentée et parsemées de feuilles de coriandre.

NOTES :

• La crème de coco, plus épaisse et plus parfumée que le lait de coco, est également tirée de la pulpe de noix de coco râpée, plongée dans de l'eau chaude, puis pressée.
• Le sucre de palme est un sucre non raffiné, de couleur sombre, utilisé dans la cuisine asiatique aussi bien dans les préparations sucrées que salées, où il permet d'équilibrer les saveurs. On le trouve sous forme de bloc compact ou en pot.

BEIGNETS DE POULET

POUR **20 beignets**
PRÉPARATION : **20 min**
CUISSON : **30 min**

> 1 poulet de 1,5 kg
> 12,5 cl de sauce soja japonaise (voir NOTES)
> 4 cuill. à soupe de mirin (voir NOTES)
> 2 cuill. à soupe de saké (voir NOTES)
> 1 cuill. à soupe de gingembre frais haché
> 4 gousses d'ail hachées
> huile pour la friture
> un peu de fécule de maïs
> 2 citrons coupés en tranches
> sel et poivre du moulin

À l'aide d'un couteau à large lame, détachez les ailes du poulet et fendez-les en deux au niveau de l'articulation. Découpez le poulet en seize morceaux de taille égale : commencez par partager la carcasse en deux dans le sens de la longueur, puis dans l'épaisseur, afin d'obtenir quatre morceaux de même dimension. Recoupez chaque morceau en quatre portions identiques. Vous obtiendrez ainsi vingt morceaux au total, en comptant les quatre moitiés d'aile.

Dans un saladier non métallique, mélangez la sauce soja, le mirin, le saké, le gingembre et l'ail, puis ajoutez les morceaux de poulet. Retournez-les régulièrement, afin de les enrober uniformément de marinade, puis égouttez-les.

Préchauffez le four à 180 °C (therm. 6).

Emplissez un wok ou une friteuse au tiers d'huile et faites-la chauffer à 180 °C. Enrobez uniformément les morceaux de poulet de fécule de maïs assaisonnée, puis éliminez l'excédent. Faites frire les morceaux de poulet 4 ou 5 minutes, jusqu'à ce qu'ils soient dorés, et que la viande soit cuite et tendre, en procédant en plusieurs fois, si nécessaire. Égouttez les beignets sur du papier absorbant, puis réservez-les au chaud dans le four, sur une plaque de cuisson, jusqu'à ce que tous les morceaux soient frits. Servez chaud, accompagné de tranches de citron.

NOTES :

• La sauce soja japonaise est plus fine et moins salée que la sauce soja chinoise. En France, on la trouve couramment sous le nom de *shoyu*.
• Le mirin est un vin de riz japonais plus utilisé comme condiment qu'en dégustation pure.
• Le saké est une boisson alcoolisée japonaise fabriquée à base de riz. Incolore, son goût est plutôt doux avec une note amère.

CRACKERS DE RIZ THAÏ

POUR **8 à 10 personnes**
PRÉPARATION : **40 min**
CUISSON : **2 h**

- 370 g de riz long grain ou de riz parfumé au jasmin cuit, puis refroidi
- huile pour la friture

Pour le sambal au piment

- 3 cuill. à soupe de crevettes séchées
- 50 cl d'huile végétale
- 220 g d'échalotes roses émincées
- 35 gousses d'ail émincées
- 4 ou 5 piments rouges longs épépinés et finement hachés
- 70 g de sucre de palme râpé ou de sucre roux
- 3 cuill. à soupe de pulpe de tamarin
- 2 cuill. à soupe de sauce nuoc-mâm

Pour le sambal au tamarin et au porc

- 2 cuill. à café de pâte de crevettes
- 3 gousses d'ail grossièrement hachées
- 1 petit piment rouge grossièrement haché
- 2 cuill. à café de gingembre frais râpé
- 1 cuill. à soupe d'oignon nouveau finement haché
- 1 ou 2 cuill. à soupe de concentré de tamarin
- 1 cuill. à café de sel
- 100 g de porc maigre haché
- 100 g de chair de crevette crue
- 6 cuill. à soupe de feuilles de coriandre finement hachées
- 1 cuill. à soupe d'huile d'arachide
- 12,5 cl de lait de coco
- 1 cuill. à soupe de sauce nuoc-mâm
- 1 cuill. à soupe de sucre de palme râpé ou sucre roux
- 1 cuill. à soupe de jus de citron vert

Préchauffez le four à 140 °C (therm. 5). Huilez légèrement une plaque de cuisson et étalez-y le riz, en le travaillant avec vos mains humidifiées, de manière à éviter que le riz ne colle et à former une couche uniforme, d'une épaisseur de deux ou trois grains de riz. À l'aide d'un couteau, découpez des carrés de 4 cm de côté dans la couche de riz, puis enfournez la plaque et faites cuire pendant 1 heure, jusqu'à ce que le riz sèche. Laissez-le refroidir, puis séparez les carrés les uns des autres.

Préparez le *sambal* au piment. Faites tremper les crevettes dans de l'eau chaude pendant 5 minutes, puis égouttez-les, séchez-les et hachez-les grossièrement. Dans une casserole à feu moyen, faites chauffer l'huile, ajoutez les échalotes et l'ail, puis laissez-les cuire pendant 30 minutes, en remuant, jusqu'à ce qu'ils soient dorés. Ajoutez les crevettes hachées et les piments, puis faites cuire 5 minutes, en continuant de remuer. Retirez la casserole du feu. Filtrez et réservez l'huile de cuisson, versez les ingrédients frits dans le bol d'un robot, puis mixez-les, en ajoutant peu à peu l'huile réservée, de manière à obtenir une pâte. Transvasez-la dans une casserole et faites-la chauffer à feu moyen, jusqu'à ce que la préparation commence à frémir. Ajoutez le sucre de palme, la pulpe de tamarin et la sauce nuoc-mâm, puis faites cuire 5 minutes, en remuant fréquemment, jusqu'à ce que le *sambal* épaississe. Laissez refroidir.

Préparez le *sambal* au tamarin et au porc. Enveloppez la pâte de crevettes d'une feuille d'aluminium et glissez-la sous le gril du four 2 ou 3 minutes. Dans le bol d'un robot, réunissez l'ail, le piment, le gingembre, l'oignon nouveau, le concentré de tamarin, la pâte de crevettes et le sel, puis mixez jusqu'à obtention d'une consistance homogène. Dans un saladier, mélangez le porc, la chair de crevette et 4 cuillerées à soupe de coriandre. Dans une poêle à feu moyen, faites chauffer l'huile d'arachide, puis faites cuire la préparation à base de tamarin 2 ou 3 minutes, jusqu'à ce que les parfums se développent. Ajoutez le mélange de porc et de crevette, remuez et prolongez la cuisson 2 ou 3 minutes, jusqu'à ce que la viande dore. Versez le lait de coco et laissez cuire 5 minutes à feu moyen, jusqu'à ce que le liquide ait réduit et que la viande soit cuite, en continuant de remuer, pour éviter que la préparation n'accroche au fond de la poêle. Ôtez du feu et ajoutez la sauce nuoc-mâm, le sucre de palme, le jus de citron vert et la coriandre restante.

Emplissez un wok ou une friteuse au tiers d'huile de friture et faites-la chauffer à 180 °C. Plongez-y les carrés de riz et faites-les frire 1 ou 2 minutes, jusqu'à ce qu'ils soient dorés, en procédant en plusieurs fois. Égouttez les crackers de riz sur du papier absorbant et servez-les sans attendre, accompagnés de *sambal* au piment, ainsi que de *sambal* au tamarin et au porc.

CHAUSSONS DE TOFU FRIT POIVRE ET SEL

POUR **4 à 6 personnes**
PRÉPARATION : **15 min**
CUISSON : **10 min**

- 12,5 cl de sauce aux piments doux
- 2 cuill. à soupe de jus de citron
- 380 g de cubes de tofu frit
- 250 g de fécule de maïs
- 2 cuill. à soupe de sel
- 1 cuill. à soupe de poivre blanc moulu
- 2 cuill. à café de sucre en poudre
- 4 blancs d'œuf légèrement battus
- huile pour la friture
- 2 citrons coupés en tranches

Dans un bol, mélangez la sauce aux piments et le jus de citron, puis réservez.

Coupez en deux les cubes de tofu frit et égouttez-les. Dans un grand saladier, mélangez la fécule de maïs, le sel, le poivre blanc et le sucre en poudre. Plongez les demi-cubes de tofu dans les blancs d'œufs battus, puis passez-les dans la fécule de maïs assaisonnée et éliminez l'excédent.

Emplissez un wok ou une friteuse au tiers d'huile et faites-la chauffer à 180 °C. Faites frire les demi-cubes de tofu 1 ou 2 minutes, jusqu'à ce qu'ils soient dorés, en procédant en plusieurs fois, si nécessaire. Égouttez-les sur du papier absorbant. Servez les chaussons de tofu frit sans attendre, accompagnés de la sauce aux piments citronnée et de tranches de citron

GALETTES DE RIZ À LA CREVETTE

POUR **20 rouleaux**
PRÉPARATION : **35 min**
CUISSON : **de 5 à 10 min**

- 20 galettes de riz
- 350 g de chair de crevette crue finement hachée
- 1 morceau de gingembre de 4 cm de long frais râpé
- 2 gousses d'ail hachées
- 3 oignons nouveaux finement hachés
- 1 cuill. à soupe de farine de riz
- 1 blanc d'œuf battu
- 2 cuill. à café d'huile de sésame
- 2 cuill. à soupe de fécule de maïs
- huile pour la friture
- 2 cuill. à soupe de graines de sésame grillées
- un peu de sauce aux prunes (facultatif)

Étalez les galettes de riz quatre par quatre sur le plan de travail. Humidifiez-les généreusement, puis laissez-les reposer pendant 2 minutes, pour les assouplir. Déposez-les sur une assiette plate – elles peuvent alors être empilées. Répétez l'opération avec les galettes restantes, couvrez-les de film alimentaire et réservez.

Dans un saladier, réunissez la chair de crevette, le gingembre, l'ail, les oignons nouveaux, la farine de riz, le blanc d'œuf et l'huile de sésame. Mélangez le tout du bout des doigts.

Dans un bol, délayez la fécule de maïs avec 2 cuillerées à soupe d'eau. Déposez une galette sur le plan de travail, puis étalez-y 1 cuillerée à soupe de garniture. Roulez la galette en l'aplatissant un peu et en repliant les côtés sur la garniture. Badigeonnez les bords de fécule délayée, puis rabattez-les pour former un rouleau. Répétez l'opération afin d'obtenir vingt rouleaux.

Emplissez un wok ou une friteuse au tiers d'huile de friture et faites-la chauffer à 180 °C. Faites frire les rouleaux 4 ou 5 minutes, jusqu'à ce qu'ils soient dorés, en procédant en plusieurs fois, si nécessaire. Retirez les rouleaux à l'aide d'une pince ou d'une écumoire, puis égouttez-les sur du papier absorbant. Saupoudrez-les de graines de sésame et servez sans attendre, éventuellement accompagné de sauce aux prunes.

RAVIOLIS FRITS AU PORC ET À LA CITRONNELLE

POUR **56 raviolis**
PRÉPARATION : **40 min**
CUISSON : **20 min**
RÉFRIGÉRATION : **1 h**

- 400 g de porc haché
- 1 cuill. à café de gingembre frais finement haché
- 1 tige de citronnelle, partie blanche uniquement, émincée
- 230 g de châtaignes d'eau en conserve, égouttées et hachées
- 2 cuill. à soupe de ciboulette finement hachée
- 1/2 cuill. à café de pâte de piment
- 2 cuill. à soupe de sauce aux prunes
- 1 cuill. à café d'huile pimentée
- 1 cuill. à café d'huile de sésame
- 1 cuill. à soupe de fécule de maïs
- 56 feuilles de pâte à raviolis (voir NOTE)
- huile pour la friture

Pour la sauce

- 12,5 cl de sauce soja claire
- 4 cuill. à soupe de vinaigre balsamique
- 1 cuill. à café de gingembre frais finement râpé
- 1 cuill. à café d'huile pimentée

Dans un saladier, mélangez le porc, le gingembre, la citronnelle, les châtaignes d'eau, la ciboulette, la pâte de piment, la sauce aux prunes, l'huile pimentée, l'huile de sésame et la fécule de maïs. Couvrez et réservez au réfrigérateur pendant 1 heure.

Pendant ce temps, préparez la sauce. Versez tous les ingrédients dans un bocal muni d'un couvercle, puis secouez pour bien homogénéiser la sauce, puis réservez au réfrigérateur.

Étalez une feuille de pâte sur le plan de travail, en réservant les autres sous un torchon. Déposez 2 cuillerées à café de garniture au porc au milieu de la feuille, humidifiez légèrement le pourtour d'eau, puis rabattez les coins vers le centre et pressez-les fermement pour sceller le ravioli. Répétez l'opération jusqu'à obtention de cinquante-six raviolis.

Emplissez un wok ou une friteuse au tiers d'huile de friture et faites-la chauffer à 180 °C. Faites frire les raviolis 3 ou 4 minutes, jusqu'à ce qu'ils soient légèrement dorés, en procédant en plusieurs fois, si nécessaire. Retirez-les à l'aide d'une écumoire et égouttez-les sur du papier absorbant.

Servez les raviolis sans attendre, accompagnés de la sauce.

NOTE : les raviolis asiatiques sont préparés à l'aide de la pâte *wonton* ; des carrés de pâte fraîche fabriqués à base de farine, d'œufs et d'eau et conditionnés en sachet de 40 pièces.

ROULEAUX DE TOFU FRIT AUX LÉGUMES

POUR **6 rouleaux**
TREMPAGE : **20 min**
PRÉPARATION : **20 min**
CUISSON : **10 min**
RÉFRIGÉRATION : **30 min**

- 4 gros champignons shiitakés séchés (voir NOTE)
- 2 cuill. à soupe d'huile d'arachide
- 1 cuill. à café de gingembre frais râpé
- 2 oignons nouveaux émincés
- 1 petite carotte détaillée en bâtonnets
- 100 g de pousses de bambou en conserve, coupées en bâtonnets
- 50 g de tofu ferme finement haché
- 1 cuill. à soupe de sauce soja claire
- 1/2 cuill. à café de sucre en poudre
- 1/2 cuill. à café de sel
- 2 cuill. à café de fécule de maïs
- 6 feuilles de tofu séchées de 20 cm x 25 cm
- huile pour la friture

Déposez les champignons shiitakés dans un saladier résistant à la chaleur, couvrez-les d'eau bouillante et laissez-les tremper pendant 20 minutes. Égouttez-les, séchez-les avec du papier absorbant, puis retirez les pieds et émincez les chapeaux.

Dans un wok à feu vif, faites chauffer l'huile d'arachide à feu vif, ajoutez les champignons émincés, le gingembre, les oignons nouveaux, la carotte, les pousses de bambou, et le tofu ferme, puis faites revenir 1 minute. Incorporez la sauce soja, le sucre en poudre et le sel, mélangez le tout, puis laissez cuire 1 minute. Transvasez la préparation dans une passoire, placée au-dessus d'un grand saladier. Laissez les légumes égoutter et refroidir.

Dans un bol, délayez la fécule de maïs avec 1 cuillerée à soupe d'eau, de manière à former une pâte.

Faites tremper les feuilles de tofu de 10 à 15 secondes dans de l'eau tiède, pour les assouplir. Égouttez-les et séchez-les avec du papier absorbant.

Étalez une feuille de tofu sur le plan de travail et badigeonnez le pourtour de pâte à la fécule de maïs. Déposez 2 cuillerées à soupe de garniture le long du plus grand côté, puis roulez-la en repliant les côtés sur la garniture, de manière à former un cylindre. Répétez l'opération avec le reste des ingrédients, jusqu'à obtention de six gros rouleaux. Réservez au réfrigérateur pendant au moins 30 minutes, jusqu'au moment de la cuisson.

Remplissez un wok ou une friteuse au tiers d'huile de friture et faites-la chauffer à 180 °C. Faites frire les rouleaux 2 ou 3 minutes, jusqu'à ce qu'ils soient dorés, en procédant en plusieurs fois, si nécessaire. Égouttez-les sur du papier absorbant et servez sans attendre.

NOTE : originaire d'Asie, le shiitaké (ou lentin de chêne) est un champignon rond et brun, à l'arôme intense. Très courant, même en Occident, il est l'un des champignons les plus cultivés au monde. Ingrédient indispensable de la gastronomie chinoise et japonaise, il s'accommode de mille façons. On le trouve aussi bien frais que séché.

CREVETTES AU SÉSAME ET CHUTNEY CITRONNÉ DE MENTHE

POUR **24 crevettes**
PRÉPARATION : **20 min**
CUISSON : **15 min**

> 24 grosses crevettes crues
> 30 g de farine
> 1 œuf légèrement battu
> 65 g de chapelure
> 80 g de graines de sésame
> huile pour la friture

Pour le chutney citronné de menthe

> les feuilles de 1 petit bouquet de menthe fraîche
> 140 g de chutney de fruits
> 2 cuill. à soupe de jus de citron

Détachez la tête des crevettes et décortiquez-les en partie, en laissant l'extrémité de la queue intacte, puis incisez légèrement le dos et retirez la veine noire. Dans un bol, mélangez la chapelure et les graines de sésame. Aplatissez légèrement chaque crevette, puis farinez-les et éliminez l'excédent. Plongez-les dans l'œuf battu, puis enrobez-les du mélange de chapelure et de graines de sésame.

Emplissez un wok ou une friteuse au tiers d'huile et faites-la chauffer à 180 °C. Faites frire les crevettes environ 2 minutes, jusqu'à ce qu'elles soient dorées, en procédant en plusieurs fois, si nécessaire. Retirez-les du bain de friture à l'aide d'une pince ou d'une écumoire, puis égouttez-les sur du papier absorbant.

Préparez le chutney citronné de menthe. Réunissez la menthe, le chutney de fruits et le jus de citron dans le bol d'un robot, puis mixez 15 secondes, jusqu'à obtention d'une consistance veloutée.

Servez les crevettes au sésame accompagnées de chutney citronné de menthe.

NOTE : les crevettes peuvent être enrobées de panure la veille. Disposez-les en une couche sur une plaque de cuisson, couvrez-les de film alimentaire et conservez-les au réfrigérateur. Vous pouvez également les étaler sur une plaque de cuisson et les placer au congélateur. Une fois congelées, conservez-les dans un sachet de congélation hermétiquement fermé. Avant la cuisson, faites décongeler les crevettes au réfrigérateur, en les disposant en une couche sur une plaque de cuisson.

CROQUETTES DE NOUILLES ET DE PORC FRITES ET SAUCE AUX PIMENTS DOUX

POUR **30 croquettes**
PRÉPARATION : **30 min**
CUISSON : **15 min**

- 250 g de nouilles fraîches aux œufs (voir NOTE)
- 300 g de porc haché
- 6 oignons nouveaux finement hachés
- 2 gousses d'ail écrasées
- 4 cuill. à soupe de feuilles de coriandre finement hachées
- 1 cuill. à soupe de sauce nuoc-mâm
- 2 cuill. à soupe de sauce d'huîtres
- 1 ½ cuill. à soupe de jus de citron vert
- huile pour la friture

Pour la sauce aux piments doux

- 6 cuill. à soupe de sauce aux piments doux
- 2 cuill. à café de mirin
- 2 cuill. à café de gingembre frais haché
- 12,5 cl de sauce soja japonaise

Préparez la sauce. Dans un saladier, mélangez la sauce aux piments, le mirin, le gingembre et la sauce soja, puis réservez.

Déposez les nouilles dans un saladier résistant à la chaleur, couvrez-les d'eau bouillante et laissez-les tremper pendant environ 1 minute, pour les ramollir. Égouttez-les et séchez-les avec du papier absorbant. Coupez-les en morceaux de 5 cm de long au-dessus d'un grand saladier. Ajoutez le porc, les oignons nouveaux, l'ail, la coriandre, la sauce nuoc-mâm, la sauce d'huîtres et le jus de citron vert. Mélangez les ingrédients du bout des doigts, en veillant à répartir uniformément la viande hachée dans la préparation.

Prélevez 1 cuillerée à soupe de mélange et modelez une petite boule en pressant fermement, mais délicatement, la préparation entre les paumes de vos mains. Répétez l'opération jusqu'à obtention de trente croquettes.

Emplissez un wok ou une friteuse au tiers d'huile et faites-la chauffer à 180 °C. Faites frire les croquettes 2 ou 3 minutes, jusqu'à ce qu'elles soient dorées et que la viande soit cuite, en procédant en plusieurs fois, si nécessaire. Égouttez-les sur du papier absorbant et servez-les sans attendre, accompagnées de sauce aux piments doux.

NOTE : les nouilles fraîches aux œufs doivent leur belle couleur jaune aux œufs de caille qui les composent. Elles cuisent très rapidement et s'accommodent aussi bien dans des recettes asiatiques qu'à l'italienne, par exemple.

TOASTS AU THON SUR MÉLI-MÉLO DE CRESSON

POUR **24 toasts**
PRÉPARATION : **45 min**
CUISSON : **15 min**

- 12 feuilles de pâte à raviolis
- 500 g de pavés de thon de 2,5 cm d'épaisseur
- 1 ½ cuill. à soupe d'huile végétale
- 80 g de graines de sésame
- sel et poivre du moulin

Pour la crème au wasabi

- 4 cuill. à soupe de crème fraîche fouettée
- 2 cuill. à soupe de crème liquide
- 1 cuill. à soupe de wasabi en poudre
- 1/2 cuill. à soupe de jus de citron
- 1 cuill. à soupe de vinaigre de riz
- 1/2 cuill. à café de sucre en poudre

Pour la salade

- 125 g de cresson
- 1 petit concombre
- 3 radis

Pour la vinaigrette

- 1 cuill. à café de gingembre frais râpé
- 3 cuill. à café de vinaigre de riz (voir NOTE)
- 1 cuill. à soupe d'huile de sésame
- 1 cuill. à soupe d'huile d'arachide ou de maïs

Préparez la crème au wasabi. Dans un bol, mélangez délicatement la crème fraîche, la crème liquide, le wasabi en poudre, le jus de citron, le vinaigre de riz et le sucre en poudre. Assaisonnez selon votre goût, puis réservez au réfrigérateur pendant au moins 30 minutes.

Pendant ce temps, divisez chaque feuille de pâte en deux. Emplissez un wok ou une friteuse au tiers d'huile de friture et faites-la chauffer à 180 °C. Faites frire les demi-feuilles 30 secondes de chaque côté, jusqu'à ce qu'elles soient légèrement dorées, en procédant en plusieurs fois, si nécessaire. Égouttez-les sur du papier absorbant et réservez.

Coupez les pavés de thon en bâtonnets de 4 cm de large. Badigeonnez-les de 1/2 cuillerée à soupe d'huile végétale, assaisonnez-les et enrobez-les de graines de sésame. Réservez au réfrigérateur.

Préparez la salade. Détaillez le cresson en petits bouquets. À l'aide d'un économe, coupez le concombre en lanières, dans le sens de la longueur, en le faisant tourner au fur et à mesure, jusqu'à ce que les graines apparaissent. Utilisez également l'économe pour détailler les radis en fines lamelles. Mélangez le cresson, le concombre et les radis, puis réservez.

Préparez la vinaigrette. Dans un saladier non métallique, mélangez tous les ingrédients, assaisonnez et réservez.

Dans un wok ou une sauteuse à feu moyen, faites l'huile végétale restante, puis faites saisir les bâtonnets de thon enrobés de graines de sésame 1 minute de chaque côté – les graines doivent dorer, mais le thon doit rester rose à cœur. Détaillez les bâtonnets de thon en vingt-quatre dés, en les coupant dans le sens de la largeur.

Au moment de servir, fouettez la vinaigrette au gingembre, versez-la sur la salade de cresson, de concombre et de radis, puis remuez bien. Disposez un peu de salade sur chaque toast, déposez un dé de thon sur le lit de salade et garnissez-le d'une pointe de crème au wasabi. Servez à température ambiante.

NOTE : fabriqué par fermentation de riz ou de vin de riz, le vinaigre de riz est plus ou moins doux et coloré. En Chine, on le préfère ambré, à la saveur fumée ; alors qu'au Japon, il est blanc, peu acide et doux. Il est utilisé notamment pour préparer le riz à sushis.

PAPILLOTES DE CREVETTE

POUR **24 papillotes**
PRÉPARATION : **30 min**
CUISSON : **20 min**

> 1 cuill. à soupe d'huile végétale
> 2 gousses d'ail écrasées
> 1 cuill. à soupe de gingembre frais râpé
> 2 oignons nouveaux hachés
> 500 g de crevettes crues, décortiquées et hachées
> 1/2 cuill. à café de sauce nuoc-mâm
> 1/2 cuill. à café de sucre en poudre
> 1 cuill. à soupe de jus de citron
> 2 cuill. à soupe de feuilles de coriandre hachées
> 6 grandes galettes de riz assouplies dans de l'eau chaude, puis égouttées (voir NOTE)
> huile pour la friture
> 1 poignée de feuilles de ciboulette
> un peu de sauce aux piments doux (facultatif)

Dans une poêle à feu doux, faites chauffer l'huile végétale, ajoutez l'ail et le gingembre, puis faites cuire 2 minutes. Incorporez les oignons nouveaux et prolongez la cuisson 2 minutes. Augmentez le feu, ajoutez les crevettes et faites revenir 2 minutes, jusqu'à ce que la chair commence à blanchir – veillez à ne pas trop la cuire car elle deviendrait trop coriace une fois frite. Versez la sauce nuoc-mâm, le sucre en poudre, le jus de citron et la coriandre, puis faites cuire 1 minute, tout en remuant. Retirez du feu et laissez refroidir légèrement.

Divisez la préparation en vingt-quatre portions égales. Déposez une portion au milieu de chaque galette de riz, humidifiez le pourtour, puis repliez les coins vers le centre, par-dessus la garniture, de manière à former une papillote.

Emplissez un wok ou une friteuse au tiers d'huile et faites-la chauffer à 180 °C. Faites frire les papillotes une à une, en les maintenant d'abord à l'aide d'une pince, afin qu'elles soient saisies tout en conservant leur forme. Laissez-les dorer 3 ou 4 minutes, puis égouttez-les sur du papier absorbant. Liez chaque papillote à l'aide d'une feuille de ciboulette et servez-les sans attendre, éventuellement accompagnées de sauce aux piments doux.

NOTE : les galettes de riz sont fabriquées avec de la farine de riz gluant, du sel et de l'eau. Très riches en amidon, elles sont très élastiques, mais nécessitent d'être réhydratées avant usage.

TEMPEH FRIT ÉPICÉ

POUR **4 à 6 personnes**
PRÉPARATION : **30 min**
CUISSON : **40 min**

- 4 petits piments rouges
- 2 tiges de citronnelle, partie blanche uniquement
- 2 feuilles de kaffir ou de citron vert
- 12,5 cl d'huile végétale
- 10 échalotes roses émincées
- 2 grosses gousses d'ail finement hachées
- 500 g de tempeh émincé en bâtonnets (voir NOTES)
- 1 morceau de galanga frais de 4 cm de long pelé, puis écrasé (voir NOTES)
- 3 cuill. à café de pulpe de tamarin (voir NOTES)
- 60 g de sucre de palme grossièrement haché ou de sucre roux
- 1 cuill. à café de sel
- riz cuit à la vapeur

Divisez les piments en deux, épépinez-les, retirez les membranes blanches, puis coupez-les en diagonale, dans le sens de la longueur. Écrasez les tiges de citronnelle et froissez les feuilles de kaffir, en utilisant le dos de la lame d'un couteau.

Dans un wok à feu moyen, faites chauffer 2 cuillerées à soupe d'huile, ajoutez les échalotes et l'ail, puis faites-les frire 2 ou 3 minutes, jusqu'à ce qu'ils soient dorés. Égouttez-les sur du papier absorbant, puis réservez.

Versez le reste de l'huile dans le wok et faites frire les bâtonnets de tempeh 3 ou 4 minutes, jusqu'à ce qu'ils soient bien dorés, en procédant en plusieurs fois, si nécessaire – vous pouvez alors ajouter un peu d'huile supplémentaire. Égouttez les bâtonnets de tempeh frit sur du papier absorbant, puis réservez. Conservez 2 cuillerées à café d'huile de friture et jetez le reste.

Dans le wok à feu doux, faites chauffer l'huile réservée, ajoutez les piments émincés, les tiges de citronnelle écrasées, les feuilles de kaffir froissées et le galanga, puis laissez cuire 2 minutes, jusqu'à ce que les parfums se développent. Ajoutez la pulpe de tamarin, le sucre de palme, le sel et 1 cuillerée à café d'eau. Faites cuire 2 ou 3 minutes, jusqu'à ce que la sauce épaississe et commence à caraméliser. Incorporez le mélange d'échalotes et d'ail, puis le tempeh frit. Faites revenir 1 ou 2 minutes, jusqu'à ce que le liquide se soit complètement évaporé. Éteignez le feu, étalez la préparation dans le wok et laissez-la refroidir. Retirez et jetez les tiges de citronnelle, les feuilles de kaffir et le galanga.
Servez avec du riz vapeur.

NOTES :

• Ingrédient de choix de la cuisine traditionnelle indonésienne, le tempeh, préparé à partir de graines de soja trempées, cuites puis fermentées, représente une source de protéines non négligeable.

• Cousin du gingembre, le galanga est un rhizome très aromatique, poivré, citronné et légèrement amer à la pulpe orange ou blanchâtre.

• La pulpe de tamarin enveloppe les graines à l'intérieur de la gousse de tamarin. On la trouve sous forme de pâte ou d'extrait liquide. Il est préférable d'utiliser un wok en acier inoxydable ou à revêtement antiadhésif pour la cuisiner car elle oxyde le métal, qui teinte alors les aliments.

NOUILLES ET BOUCHÉES VAPEUR

BOULETTES DE PORC TÊTE DE LION

POUR **4 personnes**
PRÉPARATION : **35 min**
CUISSON : **45 min**

- 6 champignons shiitakés séchés
- 25 cl d'eau bouillante
- 100 g de nouilles de riz
- 2 cuill. à soupe d'huile d'arachide
- 1,5 l de bouillon de poulet dilué dans 50 cl d'eau
- 4 cuill. à soupe de sauce soja claire
- 1 cuill. à café de sucre en poudre
- 400 g de chou chinois (pak-choï) coupé en deux dans le sens de la longueur, feuilles séparées
- 2 oignons nouveaux émincés

Pour les boulettes de porc

- 600 g de porc haché
- 1 blanc d'œuf
- 4 gousses d'ail finement hachées
- 2 cuill. à soupe de gingembre frais finement râpé
- 1 cuill. à soupe de fécule de maïs
- 1 ½ cuill. à soupe de vin de riz chinois
- 4 oignons nouveaux émincés
- 1 pincée de sel

Déposez les champignons shiitakés dans un saladier résistant à la chaleur, couvrez-les de l'eau bouillante et laissez-les tremper pendant 30 minutes. Égouttez-les, séchez-les avec du papier absorbant, puis retirez les pieds et émincez les chapeaux. Réservez les champignons et l'eau de trempage.

Pendant ce temps, déposez les nouilles de riz dans un saladier résistant à la chaleur, couvrez-les d'eau bouillante et laissez-les tremper pendant 4 ou 5 minutes. Égouttez-les, puis rincez-les et égouttez-les de nouveau.

Préparez les boulettes de porc. Dans le bol d'un robot, réunissez le porc, le blanc d'œuf, l'ail, le gingembre, la fécule de maïs, le vin de riz, les oignons nouveaux et le sel. Mixez par impulsions brèves jusqu'à obtention d'une préparation homogène. Divisez la préparation en huit portions égales, humidifiez-vous les mains et modelez huit grosses boulettes de viande entre vos paumes.

Dans un wok à feu vif, faites chauffer l'huile, puis faites dorer les boulettes de porc 2 minutes de chaque côté. Égouttez-les sur du papier absorbant.

Nettoyez et séchez le wok. Versez-y le bouillon de poulet, portez à ébullition, puis ajoutez les boulettes de viande, la sauce soja, le sucre en poudre, les champignons et l'eau de trempage réservés. Couvrez et laissez mijoter de 20 à 25 minutes à feu doux, jusqu'à ce que la viande soit cuite. Ajoutez le chou chinois et les nouilles de riz, couvrez et prolongez la cuisson 5 minutes. Parsemez la préparation des oignons nouveaux et servez.

SOUPE DE NOUILLES DE RIZ AU CANARD LAQUÉ

POUR **4 à 6 personnes**
PRÉPARATION : **30 min**
CUISSON : **45 min**

- 15 g de champignons parfumés séchés (voir NOTES)
- 40 g de champignons noirs séchés (voir NOTES)
- 1 canard laqué
- 1 cuill. à soupe d'huile végétale
- 2 cuill. à café d'huile de sésame
- 1 gousse d'ail écrasée
- 1 cuill. à soupe de gingembre frais râpé
- 115 g de mini-épis de maïs coupés en deux, en diagonale
- 2 oignons nouveaux émincés
- 200 g de haricots mange-tout coupés en deux, en diagonale
- 400 g de chou chinois (pak-choï) détaillé en morceaux de 2 cm de long
- 6 ½ cuill. à soupe de sauce d'huîtres
- 1 long piment rouge épépiné et émincé
- 1,25 l de bouillon de poulet
- 1 cuill. à soupe de feuilles de coriandre hachées
- 1 cuill. à soupe de feuilles de basilic thaï froissées ou d'un mélange de basilic, de menthe et d'anis étoilé (voir NOTES)
- 400 g de feuilles de pâte de riz fraîches, détaillées en rubans de 2 cm de large

Déposez les champignons parfumés dans un saladier résistant à la chaleur, couvrez-les d'eau bouillante et laissez-les tremper pendant 30 minutes. Égouttez-les, séchez-les avec du papier absorbant, puis retirez les pieds et émincez les chapeaux.

Pendant ce temps, placez les champignons noirs dans un saladier résistant à la chaleur, couvrez-les d'eau bouillante et laissez-les tremper pendant 20 minutes. Égouttez-les, séchez-les avec du papier absorbant, puis coupez-les en petits morceaux.

Détachez la viande de la carcasse du canard et émincez-la. Déposez la carcasse dans une grande casserole et couvrez-la de 2,75 l d'eau. Portez à ébullition, puis réduisez le feu et laissez mijoter pendant 30 minutes. Retirez l'écume formée en surface, puis filtrez le bouillon à travers une passoire fine et réservez-le.

Dans un wok à feu vif, faites chauffer les huiles, ajoutez l'ail et le gingembre, puis faites-les revenir 30 secondes. Ajoutez la viande de canard et faites cuire 1 minute. Ajoutez tous les champignons, les oignons nouveaux, les mini-épis de maïs, les haricots mange-tout et le chou chinois, puis faites-les revenir 2 minutes. Versez la sauce d'huîtres, le piment et le bouillon de poulet filtré. Laissez mijoter 2 minutes, puis incorporez les herbes aromatiques.

Déposez les rubans de pâte de riz dans un saladier résistant à la chaleur, couvrez-les d'eau bouillante et laissez-les tremper pendant 1 ou 2 minutes. Égouttez-les, répartissez-les dans des bols de service et couvrez-les de bouillon.

NOTES :

- Les champignons parfumés sont des champignons chinois qui ressemblent à la morille et dont le parfum pénétrant rappelle celui de la truffe. Vendus secs en sachets, ils doivent être mis à tremper pendant 15 minutes dans de l'eau tiède avant d'être cuisinés. À défaut, on peut les remplacer par des morilles ou des champignons de Paris.
- Les champignons noirs (oreilles d'arbre, en vietnamien) sont des champignons de souche cultivés. Le plus souvent séchés, ils doivent être réhydratés dans de l'eau bouillante pendant quelques minutes au cours desquelles ils gagnent en volume.
- Le basilic thaï est très parfumé. La variété de basilic thaï la plus commune est proche de notre basilic, mais ses feuilles sont d'un vert brillant et sa saveur est plus anisée.

BOUCHÉES VAPEUR AUX LÉGUMES

POUR **24 bouchées**
PRÉPARATION : **40 min**
CUISSON : **20 min**

- 8 champignons shiitakés séchés
- 1 cuill. à soupe d'huile végétale
- 2 cuill. à café de gingembre frais haché
- 2 gousses d'ail écrasées
- 100 g de ciboulette hachée
- 100 g de jeunes pousses d'épinards détaillées en morceaux de 1 cm de long
- 4 cuill. à soupe de bouillon de poulet
- 2 cuill. à soupe de sauce d'huîtres
- 1 cuill. à soupe de fécule de maïs
- 1 cuill. à café de sauce soja
- 1 cuill. à café de vin de riz chinois
- 45 g de châtaignes d'eau en conserve, égouttées et hachées
- un peu de sauce aux piments
- sel et poivre du moulin

Pour la pâte

- 200 g de fécule de blé (voir NOTE)
- 1 cuill. à café de fécule de maïs
- 20 cl d'eau bouillante

Déposez les champignons shiitakés dans un saladier résistant à la chaleur, couvrez-les d'eau bouillante et laissez-les tremper pendant 20 minutes. Égouttez-les, séchez-les avec du papier absorbant, puis retirez les pieds et émincez les chapeaux.

Pendant ce temps, dans un wok à feu vif, faites chauffer l'huile, ajoutez le gingembre et l'ail, assaisonnez, puis faites revenir 30 secondes. Ajoutez la ciboulette et les pousses d'épinards, puis laissez cuire 1 minute.

Dans un bol, réunissez le bouillon de poulet, la sauce d'huîtres, la fécule de maïs, la sauce soja et le vin de riz. Versez le mélange sur la préparation aux épinards, ajoutez les châtaignes d'eau et les champignons, puis prolongez la cuisson 1 ou 2 minutes, jusqu'à ce que la consistance épaississe. Retirez du feu et laissez refroidir.

Préparez la pâte. Dans un saladier, mélangez la fécule de blé et la fécule de maïs. Creusez un puits au centre et versez progressivement l'eau bouillante. Liez le mélange du bout des doigts, jusqu'à obtention d'une préparation homogène, puis pétrissez-la sans attendre, en travaillant avec les mains légèrement huilées, de manière à former une boule de pâte lisse. Couvrez-la d'un torchon et réservez.

Prélevez une noix de pâte et écrasez-la entre vos paumes huilées. Abaissez chaque galette de pâte aussi finement que possible, afin de former des disques de 10 cm de diamètre. Déposez 1 cuillerée à soupe de garniture au centre de chaque disque, puis rabattez la pâte par-dessus la garniture et pressez les bords pour bien les sceller et former ainsi des bouchées compactes.

Garnissez de papier sulfurisé le fond d'un panier-vapeur en bambou, puis disposez-y les bouchées en une couche, en veillant à bien les espacer les unes des autres. Couvrez et faites cuire 7 ou 8 minutes, au-dessus d'un wok empli d'eau frémissante, en procédant en plusieurs fois, si nécessaire. Servez accompagné de sauce aux piments.

NOTE : la fécule de blé a l'aspect d'une fine poudre blanche, d'une texture comparable à celle de la fécule de maïs.

SALADE DE VERMICELLES DE RIZ AU PORC

POUR **4 à 6 personnes**
PRÉPARATION : **20 min**
CUISSON : **35 min**

- 25 cl de bouillon de poulet
- 1 ½ cuill. à café de graines de coriandre en poudre
- 2 feuilles de kaffir ou de citron vert
- 1 morceau de gingembre de 3 cm de long émincé
- 100 g de vermicelles de riz
- 30 g de champignons noirs séchés
- 2 piments rouges épépinés et émincés
- 2 échalotes roses émincées
- 2 oignons nouveaux émincés
- 2 gousses d'ail écrasées
- 250 g de porc haché
- quelques feuilles de laitue feuille de chêne ou de scarole
- 1 citron vert coupé en rondelles
- quelques feuilles de coriandre

Pour l'assaisonnement

- 4 cuill. à soupe de jus de citron vert
- 4 cuill. à soupe de sauce nuoc-mâm
- 1 ½ cuill. à soupe de sucre de palme râpé ou de sucre roux
- 1 pincée de poivre blanc moulu
- les feuilles de 1 gros bouquet de coriandre hachées
- sel du moulin

Dans une casserole, mélangez le bouillon de poulet, les graines de coriandre, les feuilles de kaffir, le gingembre et 25 cl d'eau. Faites chauffer et laissez frémir pendant 25 minutes, jusqu'à évaporation d'une partie du liquide et obtention d'environ 20 cl de bouillon. Filtrez le bouillon, puis reversez-le dans la casserole.

Faites tremper les vermicelles de riz pendant 6 ou 7 minutes dans une casserole d'eau bouillante, puis égouttez-les et coupez-les avec des ciseaux en morceaux d'environ 3 cm de long.

Déposez les champignons noirs dans un saladier résistant à la chaleur, couvrez-les d'eau bouillante et laissez-les tremper pendant 20 minutes. Égouttez-les, séchez-les, puis retirez la base coriace et émincez-les.

Dans un saladier, mélangez les morceaux de vermicelles de riz, les champignons noirs, la moitié des piments, les échalotes, les oignons nouveaux et l'ail.

Remettez le bouillon à chauffer, puis portez à ébullition. Ajoutez le porc et remuez, de manière à émietter la viande. Prolongez la cuisson 1 ou 2 minutes, jusqu'à ce que la viande change de couleur et soit cuite. Égouttez-la et ajoutez-la à la préparation à base vermicelles de riz.

Préparez l'assaisonnement. Dans un bol, mélangez le jus de citron vert, la sauce nuoc-mâm, le sucre de palme, les feuilles de coriandre et le poivre blanc, en remuant, jusqu'à ce que le sucre soit dissous. Versez l'assaisonnement sur la préparation aux vermicelles de riz et au porc. Mélangez le tout, salez et réservez.

Au moment de servir, morcelez les feuilles de salade et disposez-les dans un plat de service. Déposez sur le lit de salade la préparation aux vermicelles de riz et au porc, décorez de rondelles de citron vert, de lamelles de piment et de feuilles de coriandre.

ROULEAUX DE PÂTE DE RIZ VAPEUR

POUR **4 à 6 personnes**
PRÉPARATION : **15 min**
CUISSON : **10 min**

- 4 feuilles de pâte de riz fraîches à température ambiante
- un peu de sauce d'huîtres

Pour la garniture au porc

- 350 g de porc braisé, haché
- 3 oignons nouveaux finement hachés
- 2 cuill. à soupe de feuilles de coriandre hachées

Pour la garniture à la crevette

- 250 g de crevettes crues
- 1 cuill. à soupe d'huile végétale
- 1 pincée de poivre blanc moulu
- 3 oignons nouveaux finement hachés
- 2 cuill. à soupe de feuilles de coriandre hachées
- sel du moulin

Pour la garniture aux légumes

- 300 g de brocoli chinois (voir NOTE)
- 1 cuill. à café de sauce soja claire
- 1 cuill. à café d'huile de sésame
- 2 oignons nouveaux hachés

Préparez au choix l'une des trois garnitures.

Préparez la garniture au porc. Dans un saladier, mélangez le porc, les oignons nouveaux et les feuilles de coriandre.

Préparez la garniture à la crevette. Détachez la tête des crevettes et décortiquez-les, puis incisez légèrement le dos et retirez la veine noire. Dans un wok à feu vif, faites chauffer l'huile végétale, puis faites revenir les crevettes 1 minute, jusqu'à ce que ce que la chair rosisse. Saupoudrez de poivre blanc et salez selon votre goût. Incorporez les oignons nouveaux et les feuilles de coriandre, puis mélangez bien le tout.

Préparez la garniture aux légumes. Lavez le brocoli chinois, retirez les tiges coriaces et hachez le reste. Posez-le sur une assiette placée au fond d'un panier-vapeur. Couvrez et faites cuire 3 minutes, au-dessus d'un wok empli d'eau frémissante, jusqu'à ce que les tiges et les bouquets soient tendres. Transvasez le brocoli chinois dans un saladier, ajoutez la sauce soja, l'huile de sésame et les oignons nouveaux. Mélangez bien le tout.

Déroulez délicatement les feuilles de pâte de riz sur le plan de travail – peu importe si les bords se fissurent ou se déchirent légèrement. Découpez chaque feuille afin d'obtenir des rectangles d'environ 15 cm x 20 cm – vous devriez pouvoir prélever deux rectangles par feuille. Répartissez la garniture de votre choix au centre de chaque rectangle, puis roulez-les de manière à former des cylindres.

Disposez les rouleaux sur une assiette placée au fond d'un grand panier-vapeur. Couvrez et faites cuire 5 minutes, au-dessus d'un wok empli d'eau frémissante. Détaillez les rouleaux en petites portions, arrosez-les d'un filet de sauce d'huîtres et servez.

NOTE : le brocoli chinois est une variété de chou chinois originaire de la région de Canton en Chine. À la différence du brocoli traditionnel dont les fleurs sont consommées, ce sont les feuilles du brocoli chinois qui sont cuisinées.

SOUPE DE NOUILLES AU BŒUF ET À LA CANNELLE

POUR **6 personnes**
PRÉPARATION : **15 min**
CUISSON : **1 h 40**

- 1 cuill. à café d'huile végétale
- 10 oignons nouveaux coupés en morceaux de 4 cm de long, légèrement écrasés + 3 autres finement hachés
- 10 gousses d'ail émincées
- 6 lamelles de gingembre frais
- 1 ½ cuill. à café de pâte de haricots aux piments (voir NOTES)
- 1 morceau d'écorce de cannelier-casse ou 2 bâtons de cannelle (voir NOTES)
- 2 anis étoilés
- 12,5 cl de sauce soja claire
- 1 kg de bœuf dans le filet paré et détaillé en dés de 4 cm de côté
- 250 g de feuilles d'épinards fraîches
- 250 g de nouilles de riz rondes sèches

Dans un wok à feu moyen, faites chauffer l'huile, ajoutez les morceaux d'oignon nouveau, l'ail, le gingembre, la pâte de haricots aux piments, l'écorce de cannelier-casse et les anis étoilés, puis faites revenir le tout 10 secondes, jusqu'à ce que les parfums se développent.

Transvasez la préparation dans un faitout ou une grande casserole, ajoutez la sauce soja et 2,25 l d'eau, puis portez à ébullition. Ajoutez les dés de viande, faites de nouveau bouillir, puis baissez le feu et laissez frémir pendant 1 heure 30, à couvert. Écumez régulièrement la soupe en cours de cuisson, de manière à éliminer les impuretés et la graisse. Retirez puis jetez le gingembre et l'écorce de cannelier-casse. Un peu avant de servir, ajoutez les épinards et portez le tout à ébullition.

Pendant ce temps, placez les nouilles dans un saladier résistant à la chaleur, couvrez-les d'eau chaude et laissez-les tremper pendant 10 minutes. Égouttez-les et répartissez-les dans six bols à soupe, puis couvrez-les d'une louchée de soupe et parsemez le tout d'oignons nouveaux hachés. Servez sans attendre.

NOTES :

- Assaisonnement incontournable de la cuisine du Sichuan, la pâte de haricots aux piments est aussi parfois appelée sauce de haricots pimentée, sauce piquante aux haricots ou, tout simplement, sauce du Sichuan ; mais elle ne doit pas être confondue avec la sauce aux piments, dont la saveur et la consistance diffèrent.
- En Chine, la casse, l'écorce du cannelier-casse, est préférée à la cannelle classique pour la préparation de cette recette. Les deux écorces ont un aspect assez semblable, mais celle du cannelier-casse, plus coriace, délivre une saveur plus boisée.

BOUCHÉES VAPEUR AUX ÉPINARDS ET AUX CHÂTAIGNES D'EAU

POUR **30 bouchées**
PRÉPARATION : **1 h 30**
CUISSON : **50 min**

> 1 cuill. à soupe d'huile d'arachide
> 1 cuill. à café d'huile de sésame
> 1 gousse d'ail écrasée
> 1 morceau de gingembre frais de 2,5 cm de long râpé
> 2 cuill. à soupe de ciboulette hachée
> 30 g de jeunes pousses d'épinards détaillées en morceaux de 1 cm de long
> 120 g de châtaignes d'eau en conserve, égouttées et finement hachées
> 1 cuill. à soupe de sauce soja

Pour la pâte

> 350 g de farine de riz
> 85 g de tapioca
> 2 cuill. à soupe d'arrow-root
> 1 cuill. à soupe de farine de riz gluant

Pour la sauce

> 1/2 cuill. à café d'huile de sésame
> 1/2 cuill. à café d'huile d'arachide
> 1 cuill. à soupe de sauce soja
> 1 cuill. à soupe de jus de citron vert
> 1 petit piment rouge épépiné et finement haché

Préparez la sauce. Dans un bol, battez ensemble tous les ingrédients à l'aide d'un fouet.

Dans un wok à feu moyen, faites chauffer les huiles, ajoutez l'ail et le gingembre, puis faites-les fondre 1 minute, en remuant, mais sans les laisser dorer, jusqu'à ce que les parfums se développent. Ajoutez la ciboulette, les pousses d'épinards, les châtaignes d'eau et la sauce soja, puis laissez cuire 2 minutes. Retirez la préparation du wok et laissez-la refroidir pendant environ 5 minutes. Égouttez-la, puis jetez le liquide et réservez.

Préparez la pâte. Versez 60 cl d'eau dans une grande casserole, ajoutez la farine de riz, le tapioca, l'arrow-root et la farine de riz gluant. Mélangez jusqu'à obtention d'une préparation homogène. Faites-la réchauffer 10 minutes à feu doux, en remuant, jusqu'à ce qu'elle épaississe. Prolongez la cuisson 5 minutes, jusqu'à ce que le mélange devienne opaque, puis retirez la casserole du feu et laissez la pâte refroidir pendant 10 minutes. Farinez généreusement le plan de travail de tapioca, ainsi que vos mains, et pétrissez la pâte pendant 10 minutes, jusqu'à obtention d'une consistance lisse et élastique. Partagez-la en deux et enveloppez une moitié de film alimentaire.

Sur le plan de travail fariné, abaissez l'autre moitié à une épaisseur de 2 cm et découpez des disques de 10 cm de diamètre avec un emporte-pièce. Déposez 1 cuillerée à café bombée de garniture au centre de chaque disque, badigeonnez le pourtour d'eau tiède, puis rabattez les bords par-dessus la garniture, en les pressant pour bien les sceller et former ainsi des bouchées compactes. Posez-les sur une plaque de cuisson légèrement farinée. Répétez l'opération jusqu'à épuisement des ingrédients – ne réutilisez pas les chutes de pâte, puis badigeonnez les bouchées d'un peu d'huile végétale.

Garnissez de papier sulfurisé légèrement huilé le fond d'un panier-vapeur en bambou, puis disposez-y les bouchées en une couche, en veillant à bien les espacer les unes des autres. Couvrez et faites cuire 10 minutes, au-dessus d'un wok empli d'eau frémissante, jusqu'à ce que la pâte devienne opaque, en procédant en plusieurs fois, si nécessaire.
Servez accompagné de la sauce.

BOUCHÉES VAPEUR AUX SAINT-JACQUES ET AUX POIS GOURMANDS

POUR **24 bouchées**
PRÉPARATION : **30 min**
RÉFRIGÉRATION : **4 h**
CUISSON : **10 min**

- 1/2 cuill. à café de levure chimique
- 250 g de pois gourmands détaillés en morceaux de 1 cm de long
- 250 g de noix de saint-jacques
- 1 cuill. à café de gingembre frais râpé
- 1 1/2 cuill. à soupe de sauce d'huîtres
- 1 cuill. à café de sauce soja claire
- 1 cuill. à café de vin de riz chinois
- 1/2 cuill. à café d'huile de sésame
- 1 1/2 cuill. à café de sucre en poudre
- 1 cuill. à café de fécule de maïs
- 1 pincée de sel
- 1 blanc d'œuf
- 24 feuilles de pâte à raviolis

Portez à ébullition une casserole d'eau salée, ajoutez la levure et les pois gourmands, puis faites-les blanchir 10 secondes. Égouttez les pois, puis passez-les à l'eau froide, égouttez-les de nouveau et séchez-les avec du papier absorbant.

Dans le bol d'un robot, réunissez les noix de saint-jacques, le gingembre, la sauce d'huîtres, la sauce soja, le vin de riz, l'huile de sésame, le sucre en poudre, la fécule de maïs, le blanc d'œuf et le sel. Mixez jusqu'à obtention d'une préparation homogène, puis transvasez-la dans un saladier, couvrez et réservez au réfrigérateur pendant 4 heures. Ajoutez les pois gourmands blanchis et mélangez le tout.

Déposez 2 cuillerées à café de garniture au centre de chaque feuille de pâte. Humidifiez le pourtour puis rabattez les bords par-dessus la garniture, en les pressant pour bien les sceller et former ainsi des bouchées rondes compactes. Coupez l'excédent de pâte. Garnissez de papier sulfurisé le fond d'un panier-vapeur double en bambou. Disposez-y les bouchées en une couche, côté scellé en dessous, en veillant à bien les espacer les unes des autres. Couvrez et faites-les cuire 8 minutes, au-dessus d'un wok empli d'eau frémissante.

NOUILLES CHIANG MAI

POUR **4 personnes**
PRÉPARATION : **20 min**
CUISSON : **15 min**

- 500 g de nouilles fraîches aux œufs
- 1 cuill. à soupe d'huile végétale
- 3 échalotes roses hachées
- 6 gousses d'ail hachées
- 2 cuill. à café de piment rouge haché
- 2 cuill. à soupe de pâte de curry
- 350 g de blanc de poulet
- 1 carotte détaillée en bâtonnets
- 2 cuill. à soupe de sauce nuoc-mâm
- 2 cuill. à café de sucre roux en poudre
- 3 oignons nouveaux émincés
- quelques feuilles de coriandre

Faites cuire les nouilles 2 ou 3 minutes dans une grande casserole d'eau bouillante. Égouttez-les, puis réservez-les au chaud.

Dans un wok ou une grande poêle à feu vif, faites chauffer l'huile, ajoutez les échalotes, l'ail, la pâte de curry et le piment, puis faites revenir 2 minutes, jusqu'à ce que les parfums se développent. Ajoutez le poulet et prolongez la cuisson 3 minutes, jusqu'à ce que la viande change de couleur. Ajoutez la carotte, la sauce nuoc-mâm et le sucre, puis portez à ébullition.

Répartissez les nouilles chaudes dans des bols de service, nappez de préparation à la viande et parsemez de feuilles de coriandre. Servez sans attendre.

BOUCHÉES VAPEUR AU BOUILLON DE POULET

POUR **24 bouchées**
RÉFRIGÉRATION : **4 h**
PRÉPARATION : **45 min**
CUISSON : **10 min**

- 200 g de porc haché
- 100 g de chair de crevette crue
- 2 cuill. à café de gingembre frais râpé
- 2 gousses d'ail écrasées
- 1 oignon nouveau finement haché
- 3 cuill. à café de vin de riz chinois
- 2 cuill. à café de sauce soja
- 1/2 cuill. à café d'huile de sésame
- 1 pincée de poivre blanc moulu
- 3 cuill. à soupe de blanc d'œuf battu
- 3 cuill. à café de fécule de maïs
- 20 cl de bouillon de poulet
- 1 1/2 cuill. à café de gélatine en poudre
- 24 feuilles de pâte à raviolis

Pour la sauce

- 1 cuill. à soupe de sauce soja foncée
- 3 cuill. à café de vinaigre noir chinois (vinaigre de riz)
- 1 cuill. à café de sucre en poudre
- 2 1/2 cuill. à soupe de gingembre frais émincé

Dans le bol d'un robot, réunissez le porc, la chair de crevette, le gingembre, l'ail, l'oignon nouveau, le vin de riz, la sauce soja, l'huile de sésame et le poivre blanc, puis mixez pour bien mélanger. Transvasez la préparation dans un petit saladier, puis incorporez le blanc d'œuf et la fécule de maïs. Réservez pendant au moins 4 heures, et jusqu'à 1 nuit, au réfrigérateur.

Pendant ce temps, dans une petite casserole à feu vif, portez à ébullition le bouillon de poulet, à couvert. Retirez du feu, ajoutez la gélatine et remuez jusqu'à ce qu'elle soit dissoute. Versez le bouillon dans un moule à cake de 10 cm x 25 cm, puis placez-le au réfrigérateur pendant 1 ou 2 heures, jusqu'à ce que la gelée prenne. Découpez le pain de gelée en dés de 1,5 cm de côté.

Préparez la sauce. Dans un bol, mélangez la sauce soja, le vinaigre et le sucre en poudre avec 12,5 cl d'eau, puis remuez jusqu'à ce que le sucre soit dissous. Ajoutez le gingembre et réservez pendant 1 heure, jusqu'à ce que les parfums se développent.

Humidifiez-vous les mains, puis prélevez 3 cuillerées à café de garniture et modelez une petite boule entre vos paumes. Enfoncez un doigt au centre de la boule, de manière à former un trou. Glissez un dé de gelée dans le trou et refermez en le recouvrant de garniture. Répétez l'opération jusqu'à obtention de vingt-quatre boules.

Déposez une boule de garniture au centre de chaque feuille de pâte. Humidifiez le pourtour, puis rabattez et scellez deux des coins opposés par-dessus la garniture. Repliez les deux autres coins opposés et pressez les bords de la pâte, de manière à sceller la bouchée.

Garnissez de papier sulfurisé le fond d'un panier-vapeur double en bambou. Disposez-y les bouchées en une couche, en veillant à bien les espacer les unes des autres – procédez en plusieurs fois, si nécessaire. Couvrez et faites cuire 5 ou 6 minutes, au-dessus d'un wok empli d'eau frémissante. Servez accompagné de la sauce.

SOUPE DE NOUILLES UDON

POUR **4 personnes**
PRÉPARATION : **20 min**
CUISSON : **15 min**

- 400 g de nouilles udon sèches (nouilles japonaises à base de farine de blé entier)
- 3 cuill. à café de dashi instantané en granulés
- 2 blancs de poireau émincés
- 200 g de filet de porc détaillé en lamelles
- 12,5 cl de sauce soja japonaise
- 2 cuill. à soupe de mirin
- 4 oignons nouveaux finement hachés + 1 autre émincé
- un peu de shichimi-tôgarashi (voir NOTE)

Faites cuire les nouilles 5 minutes dans une grande casserole d'eau bouillante, puis égouttez-les et couvrez-les, afin de les réserver au chaud.

Dans une casserole, délayez le dashi avec 1 l d'eau, puis portez à ébullition. Ajoutez le poireau, réduisez le feu et laissez mijoter 5 minutes. Incorporez les lamelles de porc, la sauce soja, le mirin et les oignons nouveaux hachés, puis faites mijoter 2 minutes.

Répartissez les nouilles dans des bols de service, couvrez-les de soupe, parsemez d'oignon nouveau émincé, saupoudrez de shichimi-tôgarashi, puis servez sans attendre.

NOTE : le shichimi-tôgarashi, aussi appelé poudre aux sept saveurs, est un condiment japonais composé de piments moulus, de graines (chanvre, pavot, colza, sésames blanc et noir), de sansho (grains de poivre du Sichuan) et d'écorce d'orange séchée. Ce mélange d'épices, qui peut aussi inclure de l'algue nori moulue, varie en force, de doux à très relevé.

BOUCHÉES VAPEUR AU PORC ET À LA CREVETTE

POUR **24 bouchées**
PRÉPARATION : **25 min**
CUISSON : **5 min**

- 300 g de porc haché
- 300 g de chair de crevette hachée
- 3 oignons nouveaux émincés
- 60 g de châtaignes d'eau en conserve, égouttées et hachées
- 1 ½ cuill. à café de gingembre frais finement haché
- 3 cuill. à soupe de sauce soja claire
- 1 cuill. à soupe de sucre en poudre extra-fin
- 24 feuilles de pâte à raviolis
- un peu de sauce aux piments

Dans un saladier non métallique, mélangez le porc, la chair de crevette, les oignons nouveaux, les châtaignes d'eau, le gingembre, 1 cuillerée à soupe de sauce soja et le sucre en poudre.

Étalez les feuilles de pâte sur le plan de travail, puis déposez 1 cuillerée à soupe bombée de garniture au centre de chacune. Repliez et froncez les bords de la pâte autour de la garniture, tout en laissant une ouverture sur le dessus. Répétez l'opération jusqu'à obtention de vingt-quatre bouchées, en les couvrant d'un torchon humide au fur et à mesure de la confection.

Garnissez de papier sulfurisé le fond d'un panier-vapeur double en bambou, puis disposez-y les bouchées en une couche, en veillant à bien les espacer les unes des autres – Procédez en plusieurs fois, si nécessaire. Couvrez et faites cuire 5 minutes, au-dessus d'un wok empli d'eau frémissante. Servez accompagné de la sauce soja restante et de sauce aux piments.

NOUILLES SOBA EN SALADE

POUR **4 personnes**
PRÉPARATION : **25 min**
CUISSON : **15 min**

- 250 g de nouilles soba sèches (voir NOTES)
- 1 morceau de gingembre frais de 4 cm de long
- 1 carotte
- 4 oignons nouveaux pelés
- 1 feuille de nori
- un peu de gingembre mariné au vinaigre, émincé
- quelques daïkon au vinaigre émincés (voir NOTES)

Pour la sauce

- 3 cuill. à soupe de dashi instantané en granulés (voir NOTES)
- 12,5 cl de sauce soja japonaise
- 5 ½ cuill. à soupe de mirin
- 1 pincée de sel
- 1 pincée de poivre du moulin

Plongez les nouilles dans une grande casserole d'eau bouillante, ramenez à ébullition, puis ajoutez 25 cl d'eau froide. Portez de nouveau à ébullition et laissez cuire les nouilles 2 ou 3 minutes, jusqu'à ce qu'elles soient tendres, mais pas trop ramollies. Égouttez-les dans une passoire, puis rafraîchissez-les à l'eau froide et égouttez-les de nouveau.

Détaillez le gingembre et la carotte en fins bâtonnets d'environ 4 cm de long. Émincez les oignons nouveaux. Portez à ébullition une petite casserole d'eau, ajoutez les bâtonnets de gingembre et de carotte, ainsi que les oignons nouveaux émincés, puis faites-les blanchir environ 30 secondes. Égouttez-les, puis plongez-les dans un saladier empli d'eau glacée pour les refroidir. Égouttez-les de nouveau.

Préparez la sauce. Dans une petite casserole, délayez le dashi avec 40 cl d'eau. Ajoutez la sauce soja, le mirin, salez et poivrez, portez à ébullition, puis laissez refroidir. Répartissez la sauce dans quatre petites coupelles de service.

Mélangez délicatement les nouilles et les légumes cuits, puis refroidis. Répartissez-les dans quatre bols de service.

Faites griller la feuille de nori environ 15 secondes à feu doux, en l'agitant d'avant en arrière au-dessus de la flamme, puis ciselez-la. Au moment de servir, parsemez-en les bols de nouilles, puis déposez-les sur des petits plateaux de service individuels, accompagné chacun d'un peu de gingembre et de daïkon au vinaigre, ainsi que d'une coupelle de sauce – les nouilles se plongent dans la sauce avant dégustation.

NOTES :

• Les nouilles soba sont une variété de nouilles japonaises fabriquées à base de farine de sarrasin, d'où leur couleur brune. Cuites à l'eau bouillante, elles sont consommées froides ou chaudes, en salade avec des légumes ou en soupe, auxquelles elles confèrent leur délicat goût de noisette.
• Sorte de gros navet allongé, le daïkon est le radis blanc japonais. Souvent mangé cru en rondelles ou en julienne, dans les sashimis et les salades, il peut aussi être mariné dans de la sauce soja ou cuit en accompagnement de viandes ou de légumes.
• Le dashi est un fond de bouillon à base d'algues konbu et de bonite séchée, très utilisé dans la cuisine japonaise.

BOUCHÉES VAPEUR À LA CREVETTE

POUR **24 bouchées**
RÉFRIGÉRATION : **1 h**
PRÉPARATION : **40 min**
CUISSON : **15 min**

> 300 g de crevettes crues
> 100 g de porc haché
> 4 oignons nouveaux, partie blanche uniquement, finement hachés
> 25 g de pousses de bambou en conserve, égouttées et finement hachées
> 1 blanc d'œuf
> 1 cuill. à café de gingembre frais finement haché
> 1 cuill. à café d'huile de sésame
> 1/2 cuill. à café de poivre blanc moulu
> 24 feuilles de pâte à raviolis rondes
> sel du moulin

Pour la sauce

> 4 cuill. à soupe de sauce soja
> 1 cuill. à soupe de vinaigre de riz fermenté (vinaigre rouge)
> 1 filet d'huile de sésame

Détachez la tête des crevettes et décortiquez-les, puis incisez légèrement le dos et retirez la veine noire. Hachez finement la chair. Dans un saladier, mélangez la chair de crevette, le porc, les oignons nouveaux, les pousses de bambou, le blanc d'œuf, le gingembre et l'huile de sésame. Saupoudrez de poivre blanc, salez selon votre goût, puis couvrez de film alimentaire et réservez au réfrigérateur pendant au moins 1 heure.

Pendant ce temps, préparez la sauce. Dans un bol, mélangez tous les ingrédients.

Posez les feuilles de pâte sur le plan de travail, puis déposez 2 cuillerées à café de garniture au centre de chacune – en forme de croissant plutôt qu'en petit tas. Humidifiez le pourtour, puis repliez les bords par-dessus la garniture et pincez-les entre le pouce et l'index en les fronçant légèrement, de manière à les sceller et à former une bouchée en demi-lune. Courbez légèrement la bouchée afin de lui donner la forme d'un croissant. Répétez l'opération jusqu'à obtention de vingt-quatre bouchées – veillez à ce que toutes les bouchées soient bien scellées, pour éviter que la garniture ne se répande durant la cuisson.

Garnissez de papier sulfurisé le fond d'un panier-vapeur double en bambou, puis disposez-y les bouchées en une couche, en veillant à bien les espacer les unes des autres. Couvrez et faites cuire 8 minutes au-dessus d'un wok empli d'eau frémissante. Servez accompagné de sauce.

NOUILLES AU POISSON ET AUX HARICOTS NOIRS

POUR **4 personnes**
PRÉPARATION : **10 min**
CUISSON : **20 min**

- 270 g de nouilles de riz fraîches
- 200 g de brocoli chinois détaillé en morceaux de 5 cm de long
- 550 g de filets de poisson blanc à chair ferme, sans la peau, détaillés en petits morceaux
- 2 cuill. à soupe de sauce soja claire
- 1 1/2 cuill. à soupe de vin de riz chinois
- 1 cuill. à café de sucre en poudre
- 1/2 cuill. à café d'huile de sésame
- 2 cuill. à café de fécule de maïs
- 1 cuill. à soupe d'huile végétale
- 5 gousses d'ail écrasées
- 2 cuill. à café de gingembre frais finement haché
- 3 oignons nouveaux émincés
- 2 petits piments rouges finement hachés
- 2 cuill. à soupe de haricots noirs fermentés, rincés, puis grossièrement hachés (voir NOTE)
- 15 cl de fumet de poisson

Déposez les nouilles de riz dans un saladier résistant à la chaleur, couvrez-les d'eau bouillante et laissez-les tremper pendant 1 ou 2 minutes. Séparez-les délicatement, égouttez-les et réservez-les au chaud.

Déposez le brocoli chinois dans un panier-vapeur et faites-le cuire 3 ou 4 minutes, au-dessus d'un wok empli d'eau frémissante. Retirez le brocoli chinois du panier et réservez-le au chaud.

Déposez le poisson dans un saladier. Dans un bol, mélangez la sauce soja, le vin de riz, le sucre en poudre, l'huile de sésame et la fécule de maïs, puis versez sur le poisson et mélangez le tout.

Dans un wok à feu vif, faites chauffer l'huile végétale, ajoutez l'ail, le gingembre, 2 oignons nouveaux, les piments et les haricots noirs, puis faites-les revenir 1 minute. Ajoutez le poisson enrobé de sauce et prolongez la cuisson 2 minutes, jusqu'à ce que la chair soit presque cuite. Retirez-le à l'aide d'une écumoire, puis réservez-le au chaud.

Versez le fumet de poisson dans le wok et portez à ébullition, puis réduisez le feu et laissez mijoter 5 minutes à feu doux, jusqu'à ce que la sauce épaississe légèrement. Remettez le poisson, couvrez et laissez mijoter 2 ou 3 minutes à feu doux, jusqu'à ce que la chair soit cuite à point.

Au moment de servir, répartissez les nouilles de riz dans quatre bols de service, garnissez de brocoli chinois et nappez de la préparation au poisson et aux haricots noirs. Parsemez de l'oignon nouveau restant et servez.

NOTE : les haricots noirs fermentés sont des haricots de soja fermentés très salés, conditionnés en conserve ou en bocal. Rincez-les abondamment avant utilisation et conservez-les au réfrigérateur après ouverture, dans un récipient hermétique.

FEUILLES DE RIZ AU BŒUF

POUR **4 à 6 personnes**
PRÉPARATION : **20 min**
CUISSON : **20 min**

> 500 g de feuilles de pâte de riz fraîches
> 2 cuill. à soupe d'huile d'arachide
> 2 œufs légèrement battus
> 500 g de rumsteck émincé
> 4 cuill. à soupe de sauce soja sucrée indonésienne ou de sauce soja additionnée d'un peu de sucre
> 1 ½ cuill. à soupe de sauce soja
> 1 ½ cuill. à soupe de sauce nuoc-mâm
> 300 g de brocoli chinois détaillé en morceaux de 5 cm de long
> 1 pincée de poivre blanc moulu
> 1 citron coupé en tranches

Découpez les feuilles de pâtes de riz en rubans de 2 cm de large. Déposez-les dans un saladier résistant à la chaleur, couvrez-les d'eau bouillante, puis séparez-les délicatement les uns des autres et laissez-les tremper jusqu'à ce qu'ils ramollissent. Égouttez-les et réservez.

Dans un wok à feu moyen, faites chauffer 1 cuillerée à soupe d'huile, puis faites cuire les œufs 1 ou 2 minutes, en remuant, de manière à obtenir une omelette fine. Retirez du feu, ôtez l'omelette du wok, roulez-la et coupez-la en lanières.

Dans le même wok à feu vif, faites chauffer le reste d'huile, puis faites dorer les lamelles de rumsteck 3 minutes, en procédant en plusieurs fois, si nécessaire. Retirez la viande du wok et réservez.

Réduisez le feu, ajoutez les rubans de pâte de riz dans le wok et faites-les revenir 2 minutes. Dans un bol, mélangez les sauces soja sucrée et nature avec la sauce nuoc-mâm. Versez le tout, ajoutez le brocoli chinois et le poivre blanc, puis laissez revenir 2 minutes. Ajoutez les lanières d'omelette et la viande, puis faites cuire 3 minutes. Servez accompagné de tranches de citron.

BOUCHÉES VAPEUR AUX DEUX SAVEURS

POUR **30 bouchées**
RÉFRIGÉRATION : **1 h**
PRÉPARATION : **40 min**
CUISSON : **30 min**

> 6 champignons parfumés séchés
> 200 g de porc haché
> 30 g de lard finement haché
> 100 g de chair de crevette crue finement hachée
> 2 oignons nouveaux émincés
> 1 cuill. à soupe de pousses de bambou en conserve, hachées
> 1 branche de céleri émincée
> 3 cuill. à café de fécule de maïs
> 2 cuill. à café de sauce soja
> 1 cuill. à café de sucre en poudre
> 30 feuilles de pâte à raviolis
> un peu de sauce aux piments
> sel et poivre du moulin

Déposez les champignons parfumés dans un petit saladier résistant à la chaleur, couvrez-les d'eau bouillante et laissez-les tremper pendant 10 minutes. Égouttez-les, séchez-les avec du papier absorbant, puis retirez les pieds et émincez les chapeaux.

Dans un saladier, mélangez les champignons, le porc, le lard, la chair de crevette, les oignons nouveaux, les pousses de bambou et le céleri. Dans un bol, mélangez la fécule de maïs, la sauce soja et le sucre en poudre, puis remuez jusqu'à obtention d'une pâte homogène. Assaisonnez-la et incorporez-la à la préparation au porc. Couvrez et réservez au réfrigérateur pendant 1 heure.

Étalez les feuilles de pâte sur le plan de travail légèrement fariné, puis déposez 1 cuillerée à soupe de garniture au centre de chacune. Humidifiez le pourtour et rabattez les bords par-dessus la garniture et pincez-les de manière à bien sceller la bouchée. Répétez l'opération jusqu'à obtention de trente bouchées.

Garnissez de papier sulfurisé le fond d'un panier-vapeur en bambou, puis disposez les bouchées en une couche, en les espaçant les unes des autres. Couvrez et faites cuire 8 minutes, au-dessus d'un wok empli d'eau frémissante, en procédant en plusieurs fois, si nécessaire. Servez avec la sauce aux piments.

RAVIOLIS AU CHOU ET AU PORC

POUR **40 raviolis**
PRÉPARATION : **50 min**
CUISSON : **25 min**

- 150 g de chou chinois (wong bok) détaillé en lanières
- 1/2 cuill. à café de sel
- 225 g de porc haché
- 2 gousses d'ail finement hachées
- 2 cuill. à café de gingembre frais haché
- 2 oignons nouveaux finement hachés
- 2 cuill. à café de fécule de maïs
- 1 cuill. à soupe de sauce soja claire
- 2 cuill. à café de vin de riz chinois
- 2 cuill. à café d'huile de sésame
- 40 feuilles de pâte à raviolis rondes
- 2 cuill. à soupe d'huile végétale
- 12,5 cl de bouillon de poulet
- un peu de sauce soja ou de vinaigre noir chinois (vinaigre de riz)

Déposez le chou chinois dans une passoire placée au-dessus d'un grand saladier. Salez, remuez et laissez dégorger pendant 30 minutes, en remuant régulièrement – le salage permet d'éviter que la garniture ne devienne trop spongieuse.

Pendant ce temps, dans un saladier, mélangez à la main le porc, l'ail, le gingembre, les oignons nouveaux, la fécule de maïs, la sauce soja, le vin de riz et l'huile de sésame.

Rincez le chou chinois à l'eau froide, tamponnez-le, séchez-le avec du papier absorbant, puis ajoutez-le à la préparation au porc. Mélangez le tout.

Étalez les feuilles de pâte sur le plan de travail, puis déposez 1 cuillerée à café de garniture au centre de chacune. Badigeonnez le pourtour d'eau chaude, rabattez les bords par-dessus la garniture et pincez-les entre le pouce et l'index, en les fronçant légèrement, de manière à bien les sceller et à obtenir une bouchée en forme de demi-lune. Maintenez délicatement le ravioli et tapotez-le fermement sur le plan de travail, afin d'en aplatir la base. Répétez l'opération jusqu'à obtention de quarante raviolis.

Dans un wok à feu moyen, faites chauffer 1/2 cuillerée à soupe d'huile végétale, puis faites frire 10 raviolis 2 minutes, côté aplati en dessous. Réduisez le feu, versez 2 cuillerées à soupe de bouillon de poulet, puis secouez légèrement le wok, de manière à bien détacher les raviolis du fond. Couvrez et laissez cuire 4 minutes, jusqu'à ce que le bouillon se soit complètement évaporé. Retirez les raviolis du wok et réservez-les au chaud. Répétez l'opération avec le reste de l'huile végétale, des raviolis et du bouillon. Servez accompagné de sauce soja ou de vinaigre noir.

FOURMIS RAMPANTES

POUR **4 personnes**
PRÉPARATION : **20 min**
CUISSON : **15 min**

- 1 cuill. à café de fécule de maïs
- 1 ½ cuill. à soupe de sauce soja claire
- 2 cuill. à soupe de vin de riz chinois
- 1 cuill. à café d'huile de sésame
- 200 g de porc haché
- 150 g de vermicelles de soja (voir NOTES)
- 2 cuill. à soupe d'huile végétale
- 4 oignons nouveaux finement hachés + 2 autres émincés
- 1 gousse d'ail écrasée
- 1 cuill. à soupe de gingembre frais finement haché
- 2 cuill. à café de sauce aux haricots noirs (voir NOTES)
- 20 cl de bouillon de poulet
- 1/2 cuill. à café de sucre en poudre
- 1/2 cuill. à café de sel

Dans un grand saladier non métallique, mélangez la fécule de maïs et 1 cuillerée à soupe de sauce soja avec la moitié du vin de riz et de l'huile de sésame. Ajoutez le porc et mélangez à la fourchette ou du bout des doigts. Couvrez de film alimentaire et laissez mariner au réfrigérateur de 10 à 15 minutes.

Pendant ce temps, déposez les nouilles dans un saladier résistant à la chaleur, couvrez-les d'eau bouillante et laissez-les tremper pendant 3 ou 4 minutes. Rincez-les et séchez-les.

Dans un wok à feu vif, faites chauffer l'huile végétale, ajoutez les oignons nouveaux hachés, l'ail, le gingembre et la sauce aux haricots noirs, puis laissez cuire 10 secondes. Ajoutez la préparation au porc et prolongez la cuisson 2 minutes, en remuant, de manière à émietter la viande. Incorporez le bouillon de poulet, le sucre en poudre, le sel et le reste de la sauce soja, du vin de riz et de l'huile de sésame.

Ajoutez les nouilles dans le wok, puis remuez et portez à ébullition. Réduisez le feu et laissez mijoter 7 ou 8 minutes, en remuant régulièrement, jusqu'à ce que le liquide se soit complètement évaporé. Agrémentez d'oignons nouveaux émincés et servez sans attendre.

NOTES :

• Cette recette chinoise de la province du Sichuan tire son nom des morceaux de porc haché ressemblant à des fourmis grimpant sur les branches d'un arbre (assimilées aux nouilles).
• Fabriqué à base de farine de haricots mungo (ou soja vert), le vermicelle de soja ressemble à de longs fils de nylon. Très couramment utilisé en gastronomie chinoise, il s'imprègne de la saveur des ingrédients avec lesquels il est cuisiné.
• Mélange de haricots noirs salés réduits en purée, de sauce soja, de sucre et d'épices, la sauce aux haricots noirs est spécialement élaborée à destination du marché occidental ; en Chine et dans le Sud-Est asiatique, les cuisiniers préfèrent employer des haricots entiers fermentés qu'ils écrasent dans le wok en cours de cuisson. Cette sauce doit toujours être réchauffée avant usage.

BOUCHÉES VAPEUR AU PORC ET AUX CHÂTAIGNES D'EAU

POUR **24 bouchées**
PRÉPARATION : **25 min**
REPOS DE LA PÂTE : **30 min**
CUISSON : **15 min**

> 250 g de porc haché
> 50 g de châtaignes d'eau en conserve, hachées
> 2 oignons nouveaux hachés
> 1 cuill. à café de gingembre frais râpé
> 2 cuill. à café de sauce soja
> 1 cuill. à café de vin de riz chinois
> 1/2 cuill. à café de sucre en poudre
> 1/2 cuill. à café de fécule de maïs
> 1 œuf
> 1 filet d'huile de sésame
> 1/2 cuill. à café de sel

Pour la pâte

> 125 g de farine
> 60 g de farine de tapioca
> 30 g de saindoux (au rayon charcuterie des grandes surfaces ou chez le boucher, voir NOTE)
> 20 cl d'eau bouillante

Préparez la pâte. Déposez la farine, la farine de tapioca et le saindoux dans le bol d'un robot, puis mélangez-les. Incorporez progressivement l'eau bouillante, puis continuez de remuer jusqu'à obtention d'une pâte épaisse et collante. Déposez-la sur le plan de travail légèrement fariné et pétrissez-la pendant quelques minutes. Formez une boule, enveloppez-la de film alimentaire et laissez-la reposer pendant 30 minutes.

Dans le bol d'un robot, réunissez le porc, les châtaignes d'eau, les oignons nouveaux, le gingembre, la sauce soja, le vin de riz, le sucre en poudre, la fécule de maïs, l'œuf, l'huile de sésame et le sel, puis mixez quelques secondes, jusqu'à obtention d'un mélange homogène. Transvasez la préparation dans un saladier.

Divisez la boule de pâte en quatre portions égales, puis roulez chacune de manière à former un boudin de 10 cm de long sur 2 cm de diamètre. Découpez chaque boudin en six tronçons d'environ 1,5 cm de long et couvrez-les d'un torchon humide.

Déposez les tronçons de pâte sur le plan de travail légèrement huilé, puis abaissez-les pour former des disques de pâte de 10 à 12 cm de diamètre. Déposez 2 cuillerées à café de garniture au centre de chaque disque. Rabattez les bords par-dessus la garniture et pressez-les fermement, tout en exerçant un mouvement de torsion. Coupez l'excédent de pâte.

Garnissez de papier sulfurisé le fond d'un grand panier-vapeur en bambou, puis déposez-y les bouchées en une couche, en veillant à bien les espacer les unes des autres. Couvrez et faites cuire 6 minutes, au-dessus d'un wok empli d'eau frémissante, en procédant en plusieurs fois, si nécessaire. Servez sans attendre.

NOTE : le saindoux est une matière grasse, blanche et ferme extraite du lard ou de la panne de porc.

PHAD THAÏ

POUR **4 à 6 personnes**
PRÉPARATION : **30 min**
CUISSON : **10 min**

- 250 g de nouilles de riz sèches
- 1 cuill. à soupe de pulpe de tamarin
- 1 petit piment rouge haché
- 2 gousses d'ail hachées
- 2 oignons nouveaux émincés
- 1 1/2 cuill. à soupe de sucre en poudre
- 2 cuill. à soupe de sauce nuoc-mâm
- 2 cuill. à soupe de jus de citron vert
- 2 cuill. à soupe d'huile végétale
- 2 œufs battus
- 8 grosses crevettes crues
- 150 g de filet de porc émincé
- 100 g de cubes de tofu frit détaillés en fins bâtonnets (voir NOTES)
- 90 g de germes de soja
- 40 g de cacahuètes hachées, puis grillées
- 3 cuill. à soupe de feuilles de coriandre
- 1 citron vert coupé en tranches

Déposez les nouilles dans un saladier résistant à la chaleur, couvrez-les d'eau chaude et laissez-les tremper de 15 à 20 minutes, puis égouttez-les.

Pendant ce temps, délayez la pulpe de tamarin avec 1 cuillerée à soupe d'eau. Déposez le piment, l'ail et les oignons nouveaux dans un mortier, puis pilez-les jusqu'à obtention d'une pâte homogène. Transvasez-la dans un saladier, ajoutez la pulpe de tamarin délayée, le sucre en poudre, la sauce nuoc-mâm et le jus de citron vert. Mélangez, puis réservez.

Dans un wok à feu vif, faites chauffer 1 cuillerée à soupe d'huile, puis faites cuire les œufs 1 ou 2 minutes, en remuant, de manière à obtenir une omelette fine. Retirez du feu, ôtez l'omelette du wok, puis détaillez-la en lanières.

Détachez la tête des crevettes et décortiquez-les, puis incisez légèrement le dos et retirez la veine noire.

Faites chauffer le reste de l'huile dans le wok, puis faites revenir la préparation au tamarin et au piment 30 secondes. Incorporez les lamelles de porc et faites-les revenir 2 minutes. Ajoutez les crevettes et prolongez la cuisson 1 minute, jusqu'à ce que la chair rosisse et se recroqueville. Ajoutez les nouilles, les lanières d'omelette, le tofu frit et les germes de soja, puis remuez délicatement. Parsemez de cacahuètes grillées, puis garnissez de feuilles de coriandre et de tranches de citron vert. Servez sans attendre.

NOTES :

• Le *phad thaï*, mets très populaire en Thaïlande, est aussi l'un des plus connus hors de ses frontières.
• Le tofu frit, que l'on trouve sous le nom de *abura-age* est une tranche fine de tofu frit deux fois. Très prisé en cuisine japonaise, on l'utilise notamment pour réaliser des sushis.

SOUPE DE NOUILLES AU CURRY DE POULET À LA NOIX DE COCO

POUR **4 personnes**
PRÉPARATION : **30 min**
CUISSON : **30 min**

- 2 gros piments rouges séchés
- 1 cuill. à café de pâte de crevettes (voir NOTE)
- 400 g de nouilles fraîches aux œufs
- 1 oignon haché
- 4 gousses d'ail hachées
- 4 tiges de citronnelle, partie blanche uniquement, finement hachées
- 1 cuill. à café de gingembre finement râpé
- 50 cl de crème de coco
- 25 g de curry de Malaisie en poudre
- 400 g de cuisses de poulet, sans la peau, désossées et émincées
- 120 g de haricots verts équeutés et détaillés en morceaux de 5 cm de long
- 75 cl de bouillon de poulet
- 10 cubes de tofu frit coupés en deux, en diagonale
- 2 cuill. à soupe de sauce nuoc-mâm
- 2 cuill. à café de sucre en poudre
- 180 g de germes de soja
- 2 œufs durs coupés en quatre
- 2 cuill. à soupe d'échalotes émincées, puis frites
- 1 citron vert coupé en tranches

Déposez les piments dans un saladier résistant à la chaleur, couvrez-les d'eau bouillante et laissez-les tremper pendant 20 minutes. Égouttez-les et hachez-les.

Pendant ce temps, préchauffez le gril du four. Enveloppez la pâte de crevettes dans une feuille d'aluminium et glissez-la sous le gril 1 ou 2 minutes. Dépliez la feuille d'aluminium et réservez.

Déposez les nouilles dans un saladier résistant à la chaleur, couvrez-les d'eau bouillante et laissez-les tremper pendant 1 minute, de manière à les séparer délicatement. Rincez-les à l'eau froide, égouttez-les et réservez.

Dans le bol d'un robot, réunissez l'oignon, l'ail, la citronnelle, le gingembre, les piments hachés et la pâte de crevettes, puis mixez, en ajoutant un peu d'eau, si nécessaire, jusqu'à obtention d'une pâte grossière.

Dans un wok, versez la moitié de la crème de coco, portez à ébullition, puis réduisez le feu et laissez mijoter 10 minutes, jusqu'à ce que la crème commence à se dissocier. Incorporez la préparation à base de pâte de crevettes et le curry de Malaisie, puis laissez cuire 5 minutes, jusqu'à ce que les parfums se développent. Ajoutez les lamelles de poulet et les haricots verts, laissez cuire 3 ou 4 minutes, puis le bouillon de poulet, le tofu frit, la sauce nuoc-mâm, le sucre en poudre et le reste de la crème de coco. Laissez mijoter 10 minutes, à couvert, jusqu'à ce que la viande soit cuite à point.

Répartissez les nouilles et les germes de soja dans quatre bols de service. Nappez de curry de poulet à la noix de coco. Garnissez de quartiers d'œuf dur et d'échalotes, puis servez accompagné de tranches de citron vert.

NOTE : très appréciée en Asie, la pâte de crevettes est un condiment à base de crevettes salées et fermentées. Épaisse et au parfum très fort, elle se consomme toujours cuite, incorporée dans des plats de poisson, de viande et de légumes. Une fois délayée dans de l'eau chaude, elle fait aussi une très bonne base de sauce.

NOUILLES AUX CHAMPIGNONS JAPONAIS

POUR **4 à 6 personnes**
PRÉPARATION : **30 min**
CUISSON : **15 min**

- 25 g de champignons shiitakés séchés, émincés
- 500 g de nouilles fines fraîches aux œufs séparées les unes des autres
- 1 cuill. à soupe d'huile végétale
- 1/2 cuill. à café d'huile de sésame
- 1 cuill. à soupe de gingembre frais finement haché
- 4 gousses d'ail écrasées
- 100 g de champignons shiitakés frais nettoyés et émincés
- 150 g de pleurotes en huître émincés (voir NOTE)
- 150 g de champignons shimeji nettoyés et séparés de leur souche
- 1 ½ cuill. à café de dashi instantané en granulés délayé avec 20 cl d'eau
- 4 cuill. à soupe de sauce soja
- 4 cuill. à soupe de mirin
- 1 pincée de poivre blanc moulu
- 25 g de beurre
- 2 cuill. à soupe de jus de citron
- 1 cuill. à café de sel
- 100 g de champignons enoki nettoyés et séparés de leur souche
- 1 cuill. à soupe de ciboulette hachée

Déposez les champignons shiitakés séchés dans un saladier résistant à la chaleur, couvrez-les de 40 cl d'eau bouillante et laissez-les tremper pendant 20 minutes. Égouttez-les et réservez le liquide de trempage. Séchez-les avec du papier absorbant, puis retirez les pieds et émincez les chapeaux.

Pendant ce temps, déposez les nouilles dans un saladier résistant à la chaleur, couvrez-les d'eau bouillante et laissez-les tremper pendant 1 minute. Égouttez-les, puis rincez-les à l'eau froide, égouttez-les de nouveau et réservez.

Dans un wok à feu vif, faites chauffer les huiles, ajoutez le gingembre, l'ail, les champignons shiitakés frais, les pleurotes et les champignons shimeji, puis faites-les revenir 1 ou 2 minutes, jusqu'à ce que les champignons commencent à fondre. Retirez le tout du wok et réservez.

Dans un saladier, mélangez le dashi, la sauce soja, le mirin, le poivre blanc et 20 cl du liquide de trempage des champignons shiitakés réservé. Versez le tout dans le wok et laissez cuire 3 minutes. Ajoutez le beurre, le jus de citron et le sel, puis prolongez la cuisson 1 minute, jusqu'à ce que la sauce épaississe. Ajoutez les champignons frais réservés, laissez cuire 2 minutes, puis incorporez les champignons enoki et shiitakés réhydratés. Ajoutez les nouilles, puis faites réchauffer la préparation 3 minutes, en remuant. Parsemez de ciboulette et servez sans attendre.

NOTE : le pleurote en huître est une variété de pleurote cultivée, que l'on trouve abondamment en automne et en hiver.

NOUILLES DE SHANGHAI AU PORC

POUR **4 personnes**
PRÉPARATION : **30 min**
CUISSON : **20 min**

- 1/2 cuill. à café d'huile de sésame
- 4 cuill. à soupe de sauce soja
- 2 cuill. à soupe de sauce d'huîtres
- 250 g de filet de porc détaillé en fines lamelles
- 2 cuill. à soupe de crevettes séchées (voir NOTE)
- 8 champignons shiitakés séchés
- 1 cuill. à café de sucre en poudre
- 25 cl de bouillon de poulet
- 1 cuill. à café de sel
- 300 g de nouilles plates fraîches
- 3 cuill. à soupe d'huile d'arachide
- 1 gousse d'ail émincée
- 2 cuill. à café de gingembre frais râpé
- 1 branche de céleri détaillée en bâtonnets
- 1 blanc de poireau détaillé en bâtonnets
- 150 g de chou chinois (wong bok) grossièrement coupé
- 50 g de pousses de bambou en conserve, égouttées et détaillées en bâtonnets
- 8 oignons nouveaux émincés

Dans un saladier non métallique, mélangez l'huile de sésame, 1 cuillerée à soupe de sauce soja et 1 cuillerée à soupe de sauce d'huîtres. Ajoutez les lamelles de porc, remuez, puis couvrez et laissez mariner au réfrigérateur pendant 30 minutes. Égouttez la viande en réservant la marinade.

Pendant ce temps, déposez les crevettes dans un bol résistant à la chaleur, couvrez-les d'eau bouillante et laissez-les tremper pendant 20 minutes. Égouttez-les et hachez-les finement. Dans le même temps, déposez les champignons shiitakés dans un saladier résistant à la chaleur, couvrez-les d'eau bouillante et laissez-les tremper pendant 20 minutes. Égouttez-les, séchez-les avec du papier absorbant, puis retirez les pieds et émincez les chapeaux.

Dans un récipient non métallique, mélangez le sucre en poudre, le bouillon de poulet, le reste de la sauce soja et de la sauce d'huîtres. Salez, puis réservez.

Faites cuire les nouilles 4 ou 5 minutes dans une casserole d'eau bouillante. Égouttez-les, puis passez-les à l'eau froide, égouttez-les de nouveau et arrosez-les de 1 cuillerée à café d'huile d'arachide. Mélangez et réservez.

Dans un wok à feu vif, faites chauffer 1 cuillerée à soupe d'huile d'arachide, puis faites revenir les lamelles de porc 1 ou 2 minutes. Transvasez-les dans une assiette et réservez.

Faites chauffer le reste de l'huile d'arachide dans le wok, ajoutez l'ail, le gingembre, le céleri, le poireau et le chou chinois, puis faites-les revenir 1 minute, jusqu'à ce que les légumes commencent à fondre. Ajoutez les pousses de bambou, les oignons nouveaux, les crevettes et les champignons réhydratés. Faites revenir 1 minute, puis incorporez les nouilles et la sauce réservée. Remuez le tout de 3 à 5 minutes, jusqu'à ce que les nouilles aient absorbé la sauce.

Ajoutez les lamelles de porc et la marinade. Faites réchauffer 1 ou 2 minutes, en remuant, puis servez sans attendre.

NOTE : conditionnées en sachet, souvent surgelées, les crevettes séchées nécessitent parfois d'être réhydratées pour être cuisinées comme des crevettes fraîches. Séchées, elles sont idéales pour pimenter les plats de riz et de nouilles ou agrémenter les farces de raviolis ; elles peuvent surprendre les palais délicats tant leur goût est puissant.

SAUTÉS ET RISSOLÉS

POULET AUX AMANDES ET AUX ASPERGES

POUR **4 à 6 personnes**
PRÉPARATION : **15 min**
CUISSON : **15 min**

> 2 1/2 cuill. à soupe d'huile d'arachide
> 50 g d'amandes émondées
> 2 oignons nouveaux détaillés en morceaux de 3 cm de long
> 500 g de cuisses de poulet, sans la peau, désossées et détaillées en lamelles
> 1 petite carotte émincée
> 155 g d'asperges préparées et détaillées en tronçons de 3 cm de long
> 60 g de pousses de bambou en conserve, égouttées et émincées
> riz cuit à la vapeur

Pour la sauce

> 2 cuill. à café de fécule de maïs
> 6 cuill. à soupe de bouillon de poulet
> 1 filet d'huile de sésame
> 2 cuill. à soupe de sauce d'huîtres
> 1 cuill. à soupe de sauce soja
> 3 gousses d'ail écrasées
> 1 cuill. à café de gingembre frais finement haché
> 1 pincée de poivre blanc moulu

Préparez la sauce. Dans un petit saladier, délayez la fécule de maïs avec le bouillon de poulet, jusqu'à obtention d'une pâte. Incorporez l'huile de sésame, la sauce d'huîtres, la sauce soja, l'ail, le gingembre et le poivre blanc, puis réservez.

Dans un wok à feu vif, faites chauffer 2 cuillerées à café d'huile d'arachide, puis faites griller les amandes 1 ou 2 minutes, mais sans les faire brûler. Retirez-les du wok et séchez-les avec du papier absorbant.

Faites chauffer 1 cuillerée à café d'huile d'arachide dans le wok, puis faites revenir les oignons nouveaux 30 secondes, jusqu'à ce qu'ils fondent. Retirez-les du wok et réservez.

Dans le même wok à feu vif, faites chauffer 1 cuillerée à soupe d'huile d'arachide, puis faites revenir les lamelles de poulet 3 minutes, en procédant en deux fois, jusqu'à ce que la viande soit tendre.

Faites chauffer le reste de l'huile d'arachide dans le wok, puis faites dorer la carotte 1 ou 2 minutes. Ajoutez les asperges et les pousses de bambou, puis laissez revenir 1 minute. Retirez les légumes du wok et réservez.

Fouettez brièvement la sauce réservée, puis versez-la dans le wok, tout en remuant, jusqu'à ce qu'elle épaississe. Ajoutez les lamelles de poulet et les légumes cuits, en continuant de remuer pendant quelques minutes, de manière à réchauffer les ingrédients et à les enrober de sauce. Transvasez le tout dans un plat de service et parsemez d'amandes grillées. Servez accompagné de riz vapeur.

BŒUF À LA CITRONNELLE

POUR **4 personnes**
PRÉPARATION : **15 min**
CUISSON : **25 min**

- 3 cuill. à soupe d'huile végétale
- 1 gros oignon rouge détaillé en petites tranches
- 200 g de haricots verts détaillés en morceaux
- riz cuit à la vapeur

Pour la marinade

- 3 gousses d'ail hachées
- 1 cuill. à soupe de gingembre frais râpé
- 4 tiges de citronnelle, partie blanche uniquement, finement hachées
- 1 cuill. à soupe d'huile végétale
- 600 g de filet de bœuf émincé

Pour la sauce

- 1 cuill. à soupe de jus de citron vert
- 1 ou 2 cuill. à soupe de sauce nuoc-mâm
- 2 cuill. à soupe de sauce soja sucrée indonésienne ou de sauce soja additionnée de sucre (voir NOTE)

Préparez la marinade. Dans un grand saladier non métallique, mélangez l'ail, le gingembre, la citronnelle et l'huile. Ajoutez les lamelles de bœuf et remuez de manière à bien enrober la viande. Couvrez de film alimentaire et réservez au réfrigérateur pendant au moins 10 minutes.

Préparez la sauce. Dans un bol, mélangez le jus de citron vert, la sauce nuoc-mâm et la sauce soja sucrée.

Dans un wok à feu vif, faites chauffer 1 cuillerée à soupe d'huile, puis faites dorer les lamelles de bœuf marinées 2 ou 3 minutes, en procédant en plusieurs fois. Retirez-les du wok et réservez.

Dans le même wok à feu vif, faites chauffer le reste de l'huile, puis faites revenir l'oignon 2 minutes. Ajoutez les haricots verts et laissez cuire 2 minutes, puis incorporez les lamelles de bœuf. Nappez la préparation de la sauce et faites réchauffer le tout. Servez accompagné de riz vapeur.

NOTE : vous trouverez de la sauce soja sucrée sous le nom de *kecap manis*. À défaut, utilisez une sauce soja ordinaire additionnée d'un peu de sucre roux.

AGNEAU À LA MONGOLE

POUR **4 à 6 personnes**
RÉFRIGÉRATION : **12 h**
PRÉPARATION : **25 min**
CUISSON : **15 min**

- 5 ½ cuill. à soupe d'huile d'arachide
- 6 oignons nouveaux détaillés en morceaux de 3 cm de long
- 2 cuill. à café de sauce aux piments
- 1 ½ cuill. à soupe de sauce hoisin
- riz cuit à la vapeur

Pour la marinade

- 6 gousses d'ail écrasées
- 2 cuill. à café de gingembre frais finement râpé
- 4 cuill. à soupe de vin de riz chinois
- 4 cuill. à soupe de sauce soja
- 2 cuill. à soupe de sauce hoisin
- 1 cuill. à café d'huile de sésame
- 1 kg de filet d'agneau émincé

La veille, préparez la marinade. Dans un grand saladier non métallique, mélangez l'ail, le gingembre, le vin de riz, la sauce soja, la sauce hoisin et l'huile de sésame. Ajoutez les lamelles d'agneau et remuez de manière à bien enrober la viande. Couvrez de film alimentaire et réservez au réfrigérateur pendant 1 une nuit, en remuant de temps à autre.

Le jour même, faites chauffer 1 cuillerée à soupe d'huile d'arachide dans un wok à feu vif, puis faites dorer les oignons nouveaux 1 minute. Retirez-les du wok et réservez. Conservez l'huile de cuisson dans le wok.

À l'aide d'une pince, retirez les lamelles d'agneau de la marinade, puis réservez celle-ci. Déposez un quart de la viande dans le wok et faites-la dorer 1 ou 2 minutes, puis ôtez-la du feu. Répétez l'opération à trois reprises, en ajoutant un peu d'huile, si nécessaire, et en veillant chaque fois à ce que le wok soit très chaud. Remettez toutes les lamelles d'agneau dans le wok, mélangez-les avec le jus de cuisson, puis ajoutez les oignons nouveaux et faites revenir la préparation 1 minute, jusqu'à ce que la viande soit cuite à point.

À l'aide d'une écumoire, retirez la préparation du wok et disposez-la dans un plat de service chaud. Versez la marinade réservée dans le wok, puis ajoutez la sauce aux piments et la sauce hoisin. Portez à ébullition et faites cuire 3 ou 4 minutes, jusqu'à obtention d'une sauce épaisse et sirupeuse. Nappez les lamelles d'agneau de la sauce et remuez. Servez sans attendre, accompagné de riz vapeur.

BŒUF À LA CHINOISE ET SAUCE AUX HARICOTS NOIRS

POUR **4 à 6 personnes**
PRÉPARATION : **15 min**
CUISSON : **20 min**

- 2 cuill. à soupe de haricots noirs en conserve, égouttés, puis rincés et hachés
- 1 cuill. à soupe de sauce soja foncée
- 1 cuill. à soupe de vin de riz chinois
- 1 gousse d'ail finement hachée
- 1 cuill. à café de sucre en poudre
- 4 cuill. à soupe d'huile d'arachide
- 1 oignon détaillé en quartiers
- 500 g de filet de bœuf émincé
- 1/2 cuill. à café de gingembre frais râpé
- 1 cuill. à café de fécule de maïs
- 1 cuill. à café d'huile de sésame
- riz cuit à la vapeur

Dans un grand saladier, mélangez les haricots noirs, la sauce soja, le vin de riz et 4 cuillerées à soupe d'eau. Réservez.

Dans un mortier, pilez l'ail avec le sucre en poudre, jusqu'à obtention d'une pâte. Réservez.

Dans un wok à feu vif, faites chauffer 1 cuillerée à soupe d'huile d'arachide, puis faites revenir l'oignon 1 ou 2 minutes. Transvasez-le dans le saladier contenant la sauce aux haricots noirs et réservez. Ajoutez 1 cuillerée à soupe d'huile d'arachide dans le wok, puis faites dorer la moitié des lamelles de bœuf 5 ou 6 minutes. Transvasez-les à leur tour dans le saladier. Répétez l'opération avec les lamelles de viande restantes.

Versez le reste de l'huile d'arachide dans le wok, ajoutez la pâte d'ail sucrée et le gingembre, puis faites-les revenir 30 secondes, jusqu'à ce que les parfums se développent. Transvasez le contenu du saladier dans le wok, portez le tout à ébullition, puis réduisez le feu et laissez mijoter 2 minutes, à couvert.

Dans un bol, délayez la fécule de maïs avec 1 cuillerée à soupe d'eau. Versez dans le wok et remuez, jusqu'à ce que la sauce bouille et épaississe. Incorporez l'huile de sésame, en continuant de remuer. Servez accompagné de riz vapeur.

NASI GORENG

POUR **4 personnes**
PRÉPARATION : **35 min**
CUISSON : **30 min**

- 2 œufs
- 1 pincée de sel
- 5 ½ cuill. à soupe d'huile végétale
- 3 gousses d'ail finement hachées
- 1 oignon finement haché
- 2 piments rouges épépinés et finement hachés
- 1 cuill. à café de pâte de crevettes
- 1 cuill. à café de graines de coriandre
- 1/2 cuill. à café de sucre en poudre
- 400 g de crevettes crues décortiquées et déveinées
- 200 g de rumsteck émincé
- 200 g de riz long grain cuit, puis refroidi
- 2 cuill. à café de sauce soja sucrée indonésienne ou de sauce soja additionnée de sucre
- 1 cuill. à soupe de sauce soja
- 4 oignons nouveaux finement hachés
- 1/2 laitue coupée en lanières
- 1 concombre émincé
- 3 cuill. à soupe de rondelles d'oignon frites

Dans un bol, battez les œufs avec le sel. Dans une poêle à frire à feu moyen, faites chauffer un peu d'huile, puis faites cuire environ un quart des œufs battus 1 ou 2 minutes. Retournez l'omelette et laissez-la cuire environ 30 secondes. Retirez-la de la poêle, puis répétez l'opération à trois reprises, jusqu'à épuisement des ingrédients. Laissez refroidir les quatre omelettes ainsi obtenues, puis roulez-les et coupez-les en lanières.

Dans le bol d'un robot, réunissez l'ail, l'oignon, les piments, la pâte de crevettes, les graines de coriandre et le sucre en poudre, puis mixez jusqu'à obtention d'une préparation homogène. Réservez.

Dans un wok ou une grande sauteuse à feu vif, faites chauffer 1 ou 2 cuillerées à soupe d'huile, ajoutez le mélange pimenté, puis faites-le cuire jusqu'à ce que les parfums se développent. Ajoutez les crevettes et les lamelles de rumsteck, puis faites-les revenir 2 ou 3 minutes, jusqu'à ce qu'elles changent de couleur.

Versez le reste de l'huile dans le wok, puis ajoutez le riz et faites-le revenir en l'égrainant. Ajoutez les sauces soja sucrée et nature, puis les oignons nouveaux. Laissez revenir 1 minute.

Disposez les lanières de laitue sur le pourtour d'un grand plat de service. Versez le riz aux crevettes et à la viande au centre, puis garnissez de lanières d'omelette, de rondelles de concombre et de rondelles d'oignon frites. Servez sans attendre.

SATAY D'AGNEAU

POUR **4 personnes**
PRÉPARATION : **10 min**
CUISSON : **15 min**

- 4 cuill. à soupe d'huile d'arachide
- 750 g de filet d'agneau émincé
- 2 cuill. à café de cumin en poudre
- 1 cuill. à café de curcuma en poudre
- 1 poivron rouge épépiné, évidé et émincé
- 4 cuill. à soupe de sauce aux piments doux
- 60 g de beurre de cacahuètes
- 25 cl de lait de coco
- 2 cuill. à café de sucre roux en poudre
- 1 ou 2 cuill. à soupe de jus de citron
- 4 cuill. à soupe de feuilles de coriandre hachées
- 40 g de cacahuètes non salées, hachées, puis grillées
- riz cuit à la vapeur

Dans un wok à feu vif, faites chauffer 1 cuillerée à soupe d'huile, puis faites dorer la moitié des lamelles d'agneau 3 minutes. Transvasez-les dans un saladier, puis versez 1 cuillerée à soupe d'huile dans le wok et répétez l'opération avec les lamelles de viande restantes. Réservez.

Dans le même wok, faites chauffer le reste de l'huile, ajoutez le cumin, le curcuma et le poivron rouge, puis faites-les revenir 2 minutes, jusqu'à ce que le poivron soit tendre.

Remettez les lamelles d'agneau dans le wok. Incorporez la sauce aux piments doux, le beurre de cacahuètes, le lait de coco et le sucre, tout en remuant. Portez à ébullition, puis réduisez le feu et laissez mijoter 5 minutes, jusqu'à ce que la sauce épaississe légèrement. Ôtez du feu, ajoutez le jus de citron et les feuilles de coriandre, puis parsemez de cacahuètes grillées. Servez accompagné de riz vapeur.

RIZ SAUTÉ DE YANGZHOU

POUR **6 personnes**
PRÉPARATION : **20 min**
CUISSON : **10 min**

- 125 g de crevettes cuites
- 150 g de petits pois frais ou surgelés
- 1 cuill. à soupe d'huile végétale
- 3 oignons nouveaux émincés
- 1 cuill. à soupe de gingembre frais finement haché
- 2 œufs légèrement battus
- 550 g de riz long grain cuit, puis refroidi
- 1 ½ cuill. à soupe de bouillon de poulet
- 1 cuill. à soupe de vin de riz chinois
- 2 cuill. à café de sauce soja claire
- 1/2 cuill. à café d'huile de sésame
- sel et poivre noir du moulin

Détachez la tête des crevettes et décortiquez-les, puis incisez légèrement le dos de et retirez la veine noire.

Dans une casserole d'eau frémissante, faites cuire les petits pois 3 ou 4 minutes si vous les choisissez frais, ou 1 minute s'ils sont surgelés.

Dans un wok à feu vif, faites chauffer l'huile, ajoutez les oignons nouveaux et le gingembre, puis faites-les revenir 1 minute. Réduisez le feu, ajoutez les œufs et remuez. Incorporez les crevettes et les petits pois, remuez doucement, puis ajoutez le riz, avant que les œufs brouillés ne soient trop cuits. Augmentez le feu et faites revenir le tout, en égrainant le riz et en émiettant les œufs brouillés. Ajoutez le bouillon de poulet, le vin de riz, la sauce soja et l'huile de sésame. Assaisonnez selon votre goût, remuez délicatement, puis servez sans attendre.

POULET KUNG PAO

POUR **4 personnes**
MARINADE : **30 min**
PRÉPARATION : **15 min**
CUISSON : **15 min**

> 2 cuill. à soupe d'huile végétale
> 3 longs piments rouges séchés, coupés en deux dans le sens de la longueur
> 3 gousses d'ail finement hachées
> 2 cuill. à café de gingembre frais râpé
> 2 oignons nouveaux émincés
> 50 g de cacahuètes non grillées et non salées, grossièrement écrasées

Pour la marinade

> 1 blanc d'œuf
> 2 cuill. à café de fécule de maïs
> 1/2 cuill. à café d'huile de sésame
> 2 cuill. à café de vin de riz chinois
> 2 cuill. à café de sauce soja
> 600 g de cuisses de poulet, sans la peau, désossées et détaillées en dés

Pour la sauce

> 4 cuill. à soupe de bouillon de poulet
> 2 cuill. à café de vinaigre noir chinois (vinaigre de riz)
> 1 cuill. à café de sucre roux en poudre
> 1 cuill. à soupe de sauce soja

Préparez la marinade. Dans un grand saladier non métallique, battez légèrement, à l'aide d'un fouet, le blanc d'œuf, la fécule de maïs, l'huile de sésame, le vin de riz et la sauce soja. Ajoutez les dés de poulet et mélangez de manière à bien enrober la viande. Couvrez de film alimentaire et réservez au réfrigérateur pendant 30 minutes. Égouttez les dés de poulet.

Pendant ce temps, préparez la sauce. Dans un petit saladier, mélangez tous les ingrédients, puis réservez.

Dans un wok à feu vif, faites chauffer 1 cuillerée à soupe d'huile végétale, puis faites dorer les dés de poulet marinés environ 3 minutes, en procédant en plusieurs fois. Retirez la viande du wok et réservez.

Faites chauffer le reste de l'huile végétale dans le wok, puis faites cuire les piments 15 secondes, jusqu'à ce qu'ils changent de couleur. Ajoutez l'ail, le gingembre, les oignons nouveaux et les cacahuètes, puis faites revenir 1 minute. Remettez les dés de poulet, versez la sauce, puis laissez cuire le tout 3 minutes, jusqu'à ce que la sauce épaississe légèrement. Servez sans attendre.

NOTE : ce plat aurait été créé pour Kung Pao (ou Gong Bao), haut dignitaire de la cour impériale, en poste dans la province chinoise du Sichuan. Il allie à la saveur incomparable des piments rouges séchés, ingrédient populaire de la cuisine du Sichuan, la texture croustillante des cacahuètes. La recette peut être préparée avec d'autres viandes ou avec des crevettes.

TOFU MA PO

POUR **4 personnes**
PRÉPARATION : **15 min**
CUISSON : **15 min**

- 1 cuill. à soupe d'huile végétale
- 3 cuill. à café de pâte de haricots aux piments
- 3 cuill. à soupe de tofu fermenté en bocal
- 750 g de tofu frais, égoutté et détaillé en dés
- 2 oignons nouveaux émincés
- 1 ½ cuill. à café de sucre en poudre

Pour la marinade

- 3 cuill. à café de fécule de maïs
- 1 cuill. à café de sauce d'huîtres
- 1 gousse d'ail finement hachée
- 1 cuill. à soupe de sauce soja
- 250 g de porc haché

Préparez la marinade. Dans un grand saladier, mélangez la fécule de maïs, 1 cuillerée à café de sauce d'huîtres, l'ail et 2 cuillerées à café de sauce soja. Ajoutez le porc haché, couvrez de film alimentaire et laissez mariner pendant 10 minutes.

Dans un wok à feu vif, faites chauffer l'huile, puis faites dorer la viande marinée 5 minutes. Incorporez la pâte de haricots aux piments et le tofu fermenté, puis laissez cuire 2 minutes, jusqu'à ce que les parfums se développent. Ajoutez la sauce soja et la sauce d'huîtres restantes, les dés de tofu, les oignons nouveaux et le sucre en poudre. Faites cuire de 3 à 5 minutes, tout en remuant. Servez sans attendre.

BŒUF ÉPICÉ À LA SAUCE AUX PRUNES

POUR **4 personnes**
PRÉPARATION : **15 min**
CUISSON : **15 min**

- 2 cuill. à soupe d'huile végétale
- 600 g de filet de bœuf émincé
- 1 gros oignon rouge détaillé en quartiers
- 1 poivron rouge épépiné, évidé et émincé
- 1 ½ cuill. à soupe de sauce pimentée à l'ail
- 8 ½ cuill. à soupe de sauce aux prunes
- 1 cuill. à soupe de sauce soja
- 2 cuill. à café de vinaigre de riz
- 1 pincée de poivre blanc moulu
- 4 oignons nouveaux émincés

Dans un wok à feu vif, faites chauffer 1 cuillerée à soupe d'huile, puis faites dorer les lamelles de bœuf 2 ou 3 minutes, en procédant en deux fois. Réservez la viande dans un saladier.

Faites chauffer le reste de l'huile dans le wok, puis faites revenir l'oignon 1 minute. Ajoutez le poivron et faites cuire 2 ou 3 minutes. Incorporez la sauce pimentée à l'ail et remuez pendant 1 minute, puis ajoutez les lamelles de bœuf, la sauce aux prunes, la sauce soja, le vinaigre de riz, le poivre blanc et les trois quarts des oignons nouveaux.

Mélangez le tout pendant 1 minute. Parsemez des oignons nouveaux restants, puis servez.

MEE GROB

POUR **4 à 6 personnes**
PRÉPARATION : **30 min**
CUISSON : **15 min**

- 4 champignons noirs séchés
- 8 crevettes crues
- huile pour la friture
- 100 g de vermicelles de riz
- 100 g de cubes de tofu frit détaillés en lamelles
- 4 gousses d'ail écrasées
- 1 oignon haché
- 200 g de blanc de poulet, sans la peau, émincé
- 8 haricots verts coupés en diagonale
- 6 oignons nouveaux émincés
- 30 g de germes de soja
- quelques feuilles de coriandre

Pour la sauce

- 1 cuill. à soupe de sauce soja claire
- 4 cuill. à soupe de vinaigre blanc chinois (vinaigre de riz)
- 4 cuill. à soupe de sauce nuoc-mâm
- 1 cuill. à soupe de sauce aux piments doux
- 110 g de sucre en poudre

Déposez les champignons noirs dans un saladier résistant à la chaleur, couvrez-les d'eau bouillante et laissez-les tremper pendant 20 minutes. Égouttez-les et séchez-les avec du papier absorbant, puis retirez les pieds et émincez les chapeaux.

Pendant ce temps, détachez la tête des crevettes et décortiquez-les, puis incisez légèrement le dos et retirez la veine noire.

Remplissez un wok au tiers d'huile et faites-la chauffer à 180 °C. Faites frire les vermicelles de riz 5 secondes, en procédant en plusieurs fois. Égouttez-les sur du papier absorbant. Réservez.

Ajoutez le tofu frit dans le wok et faites-le frire 1 minute, en procédant en plusieurs fois. Égouttez-le sur du papier absorbant. Laissez légèrement refroidir l'huile de friture, puis conservez-en 2 cuillerées à soupe et jetez le reste.

Dans le même wok à feu vif, réunissez l'ail et l'oignon, puis faites-les revenir 1 minute. Ajoutez les champignons noirs, les lamelles de poulet, les haricots verts et la moitié des oignons nouveaux, puis faites revenir 2 minutes. Incorporez les crevettes et prolongez la cuisson 2 minutes, jusqu'à ce qu'elles rosissent.

Préparez la sauce. Dans un saladier, mélangez tous les ingrédients et remuez jusqu'à ce que le sucre soit dissous.

Versez la sauce dans le wok et faites mijoter 2 minutes. Retirez le wok du feu et incorporez les vermicelles de riz, le tofu frit et les germes de soja. Parsemez de feuilles de coriandre et des oignons nouveaux restants. Servez sans attendre.

PORC BRAISÉ AU BROCOLI CHINOIS

POUR **4 personnes**
PRÉPARATION : **10 min**
CUISSON : **10 min**

- 1 kg de brocoli chinois détaillé en morceaux de 5 cm de long
- 1 cuill. à soupe d'huile d'arachide
- 1 morceau de gingembre frais de 2 cm de long détaillé en fins bâtonnets
- 2 gousses d'ail écrasées
- 500 g de porc braisé, émincé

Pour la sauce

- 4 cuill. à soupe de bouillon de poulet ou de légumes
- 4 cuill. à soupe de sauce d'huîtres
- 1 cuill. à soupe de sauce soja sucrée indonésienne ou de sauce soja additionnée de sucre

Préparez la sauce. Dans un petit saladier, mélangez tous les ingrédients, puis réservez.

Déposez le brocoli chinois dans un panier-vapeur et faites-le cuire 5 minutes, au-dessus d'un wok empli d'eau frémissante, jusqu'à ce qu'il commence à s'attendrir, mais tout en restant croquant.

Dans un wok à feu vif, faites chauffer l'huile, ajoutez le gingembre et l'ail, puis faites-les revenir 30 secondes, jusqu'à ce que les parfums se développent. Ajoutez le brocoli chinois et le porc, puis remuez et incorporez la sauce. Servez sans attendre.

BŒUF AUX PIMENTS

POUR **4 personnes**
PRÉPARATION : **30 min**
CUISSON : **10 min**

- 4 cuill. à soupe de sauce soja sucrée indonésienne ou de sauce soja additionnée de sucre
- 2 ½ cuill. à soupe de pâte de piments indonésienne (voir NOTE)
- 2 gousses d'ail écrasées
- 1/2 cuill. à café de graines de coriandre en poudre
- 1 cuill. à soupe de sucre de palme râpé ou de sucre roux
- 1 cuill. à café d'huile de sésame
- 400 g de filet de bœuf émincé
- 1 cuill. à soupe d'huile d'arachide
- 2 cuill. à soupe de cacahuètes hachées, puis grillées
- 3 cuill. à soupe de feuilles de coriandre hachées

Dans un grand saladier non métallique, mélangez la sauce soja sucrée, la pâte de piments, l'ail, la coriandre, le sucre de palme, l'huile de sésame et 2 cuillerées à soupe d'eau. Ajoutez les lamelles de bœuf et remuez de manière à bien enrober la viande. Couvrez de film alimentaire et réservez au réfrigérateur pendant 20 minutes.

Dans un wok à feu vif, faites chauffer l'huile d'arachide, ajoutez les lamelles de bœuf et la marinade, puis faites revenir 2 ou 3 minutes, en procédant en plusieurs fois.

Disposez les lamelles de bœuf sur un plat de service, puis parsemez de cacahuètes et de feuilles de coriandre. Servez sans attendre.

NOTE : la pâte de piments indonésienne (ou *sambal oelek*) est fabriquée avec de petits piments additionnés de sel, de citron, d'huile et de vinaigre. Plus ou moins sucrée ou piquante, elle doit être dosée prudemment au départ.

SAUTÉ D'AGNEAU ET D'OIGNONS NOUVEAUX

POUR **4 personnes**
MARINADE : **10 min**
PRÉPARATION : **10 min**
CUISSON : **10 min**

- 1 cuill. à soupe de vinaigre noir chinois (vinaigre de riz)
- 1 cuill. à café d'huile de sésame
- 3 cuill. à soupe de sauce soja
- 2 cuill. à soupe d'huile végétale
- 750 g de chou chinois fleuri (choy sum) détaillé en morceaux de 10 cm de long (voir NOTE)
- 3 gousses d'ail écrasées
- 6 oignons nouveaux détaillés en morceaux de 10 cm de long

Pour la marinade

- 1 cuill. à soupe de vin de riz chinois
- 1 cuill. à soupe de sauce soja
- 1/2 cuill. à café de poivre blanc moulu
- 1/2 cuill. à café de sel
- 600 g de filet d'agneau émincé

Préparez la marinade. Dans un grand saladier non métallique, mélangez le vin de riz, la sauce soja, le poivre blanc et le sel. Ajoutez les lamelles d'agneau et remuez de manière à bien enrober la viande. Couvrez de film alimentaire et réservez au réfrigérateur pendant au moins 10 minutes.

Dans un bol, mélangez le vinaigre noir, l'huile de sésame et 1 cuillerée à soupe de sauce soja.

Dans un wok à feu vif, faites chauffer 2 cuillerées à café d'huile végétale, puis faites revenir le chou chinois fleuri brièvement. Incorporez un tiers de l'ail et le reste de la sauce soja, puis laissez cuire 3 minutes, jusqu'à ce que le chou soit tendre, mais tout en restant croquant. Retirez la préparation du wok et réservez-la au chaud, puis essuyez le wok avec du papier absorbant.

Versez 1 cuillerée à soupe d'huile végétale dans le wok à feu vif, puis faites dorer les lamelles d'agneau marinées 1 ou 2 minutes, en procédant en deux fois. Retirez la viande du wok et réservez.

Ajoutez l'huile végétale restante dans le wok, si nécessaire, puis déposez-y les oignons nouveaux et le reste d'ail. Faites-les revenir 1 ou 2 minutes, puis incorporez la sauce au vinaigre noir et remuez pendant 1 minute, de manière à bien enrober les légumes. Ajoutez les lamelles d'agneau et laissez revenir 1 minute. Servez sans attendre, accompagné de chou chinois fleuri.

NOTE : le chou chinois fleuri (ou choy sum) est un légume-feuille souvent utilisé dans la cuisine asiatique. Sommairement préparées, puis cuites, ses feuilles tendres et croquantes sont particulièrement appréciées en soupe ou en sauté ; on peut également déguster ses tiges, une fois blanchies.

CHAMPIGNONS SAUTÉS

POUR **4 personnes**
PRÉPARATION : **15 min**
CUISSON : **5 min**

- 1 cuill. à soupe d'huile végétale
- 1 morceau de galanga frais de 25 cm de long émincé
- 2 gousses d'ail hachées
- 2 piments rouges émincés
- 200 g de champignons de paille coupés en deux (voir NOTES)
- 100 g de pleurotes en huître coupés en deux
- 1 cuill. à soupe de sauce nuoc-mâm
- 1 cuill. à café de sauce soja
- 2 petits bouquets de basilic hachés
- riz cuit à la vapeur

Dans un wok à feu vif, faites chauffer l'huile, ajoutez le galanga, l'ail et les piments, puis faites revenir 2 minutes. Ajoutez les champignons de paille, prolongez la cuisson 2 minutes, puis ajoutez les pleurotes et faites revenir le tout 30 secondes, tout en remuant, jusqu'à ce que les champignons commencent à fondre. Incorporez la sauce nuoc-mâm, la sauce soja et le basilic, en continuant de remuer. Servez sans attendre, en accompagnement d'un plat principal et de riz vapeur.

NOTES :

- Vous pouvez parfaitement utiliser d'autres variétés de champignons.
- Les champignons de paille sont de petits champignons fermes, au goût léger de moisissure, qui poussent sur la paille de riz. En Occident, ils sont commercialisés en conserve.

PORC AU POTIRON ET AUX NOIX DE CAJOU

POUR **4 personnes**
PRÉPARATION : **20 min**
CUISSON : **20 min**

- 2 ou 3 cuill. à soupe d'huile végétale
- 80 g de noix de cajou
- 750 g de filet de porc émincé
- 500 g de potiron détaillé en dés
- 1 cuill. à soupe de gingembre frais râpé
- 6 cuill. à soupe de bouillon de poulet
- 4 cuill. à soupe de xérès sec
- 1 ½ cuill. à soupe de sauce soja
- 1/2 cuill. à café de fécule de maïs
- 500 g de petits choux chinois (bok choy ou pak-choï) hachés
- 2 cuill. à soupe de feuilles de coriandre

Dans un wok à feu vif, faites chauffer 1 cuillerée à soupe d'huile, puis faites dorer les noix de cajou 1 ou 2 minutes. Égouttez-les et réservez.

Dans le même wok, faites chauffer un filet d'huile, puis faites légèrement dorer les lamelles de porc 5 minutes, en procédant en plusieurs fois. Retirez la viande du wok et réservez.

Ajoutez 1 cuillerée à soupe d'huile dans le wok, puis faites revenir le gingembre et le potiron 3 minutes, jusqu'à ce que le potiron soit légèrement doré. Incorporez le bouillon de poulet, le xérès et la sauce soja, puis laissez mijoter 3 minutes, jusqu'à ce que le potiron soit tendre.

Dans un bol, délayez la fécule de maïs avec 1 cuillerée à café d'eau. Versez dans le wok et remuez jusqu'à ce que la préparation bouille et épaississe. Ajoutez les noix de cajou, les lamelles de porc, les choux chinois et la coriandre, puis remuez jusqu'à ce que les choux chinois commencent à s'attendrir.

CHOW MEIN DE POULET

POUR **4 personnes**
SÉCHAGE : **1 h**
PRÉPARATION : **15 min**
CUISSON : **40 min**

- 250 g de nouilles de riz fines fraîches
- 2 cuill. à café d'huile de sésame
- 8 ½ cuill. à café d'huile d'arachide
- 1 cuill. à soupe de vin de riz chinois
- 1 ½ cuill. à soupe de sauce soja claire
- 3 cuill. à café de fécule de maïs
- 400 g de blanc de poulet, sans la peau, émincé
- 1 gousse d'ail écrasée
- 1 cuill. à soupe de gingembre frais râpé
- 100 g de pois gourmands équeutés
- 250 g de chou chinois (wong bok) coupés en lanières
- 4 oignons nouveaux détaillés en morceaux de 2 cm de long
- 10 cl de bouillon de poulet
- 1 ½ cuill. à soupe de sauce d'huîtres
- 100 g de germes de soja
- 1 petit piment rouge épépiné et émincé

Faites cuire les nouilles de riz 1 minute dans une casserole d'eau bouillante, puis égouttez-les et transvasez-les dans un saladier. Arrosez-les de l'huile de sésame et de 1 cuillerée à café d'huile d'arachide, puis mélangez bien. Étalez les nouilles en une fine couche sur une plaque de cuisson et laissez-les sécher pendant au moins 1 heure.

Pendant ce temps, dans un grand saladier non métallique, mélangez le vin de riz, 1 cuillerée à soupe de sauce soja et 1 cuillerée à café de fécule de maïs. Ajoutez les lamelles de poulet et mélangez afin de bien enrober la viande. Couvrez de film alimentaire et laissez mariner pendant 10 minutes.

Dans une poêle antiadhésive à feu vif, faites chauffer 1 cuillerée à soupe d'huile d'arachide, puis ajoutez un quart des nouilles, en les étalant de manière à former une galette. Réduisez le feu et faites-la dorer 4 minutes de chaque côté. Égouttez-la sur du papier absorbant et réservez-la au chaud. Répétez l'opération jusqu'à obtention de quatre galettes de nouilles.

Dans un wok à feu vif, faites chauffer le reste de l'huile d'arachide, ajoutez l'ail et le gingembre, puis faites-les revenir 30 secondes. Ajoutez les lamelles de poulet marinées et faites-les dorer 3 ou 4 minutes. Ajoutez les pois gourmands, les lanières de chou chinois et les oignons nouveaux, puis faites-les revenir 2 minutes. Incorporez le bouillon de poulet, la sauce d'huîtres et les germes de soja, en remuant, puis portez à ébullition.

Dans un bol, délayez le reste de la fécule de maïs avec 1 ou 2 cuillerées à café d'eau. Versez dans le wok avec la sauce soja restante et remuez, puis laissez cuire 1 ou 2 minutes, jusqu'à épaississement de la sauce.

Au moment de servir, disposez les galettes de nouilles chaudes dans quatre assiettes de service. Nappez chaque galette d'une louchée de garniture, parsemez de piment rouge et servez sans attendre.

SAUTÉ DE PORC ET DE CHOU À LA JAPONAISE

POUR **4 personnes**
PRÉPARATION : **15 min**
CUISSON : **10 min**

- 1 pincée de dashi instantané en granulés
- 1 ½ cuill. à soupe d'huile végétale
- 500 g de filet de porc émincé
- 4 oignons nouveaux détaillés en morceaux de 3 cm de long
- 135 g de chou chinois (wong bok) grossièrement coupé
- 4 cuill. à soupe de sauce soja
- 2 cuill. à café de mirin
- 3 cuill. à soupe de gingembre frais râpé
- 2 gousses d'ail écrasées
- 1 ou 2 cuill. à café de sucre en poudre
- 1 poignée de graines de sésame noir
- riz cuit à la vapeur

Délayez le dashi dans un bol d'eau chaude.

Dans un wok à feu vif, faites chauffer 1 cuillerée à soupe d'huile, puis faites revenir les lamelles de porc 1 minute, jusqu'à ce que la viande change de couleur, en procédant en trois fois. Retirez-les du wok et réservez.

Versez l'huile restante dans le wok, ajoutez les oignons nouveaux et le chou chinois, puis laissez-les revenir 1 minute.

Dans un saladier, mélangez le dashi délayé, la sauce soja, le mirin, le gingembre, l'ail et le sucre en poudre, puis versez le tout dans le wok et laissez cuire 1 minute. Ajoutez le porc et les légumes, puis faites revenir 2 ou 3 minutes, jusqu'à ce que la viande soit cuite, mais tout en restant tendre.

Parsemez de graines de sésame noir, puis servez sans attendre, accompagné de riz vapeur.

POULET TANDOORI ET RIZ À LA CARDAMOME

POUR **4 personnes**
PRÉPARATION : **15 min**
CUISSON : **45 min**

- 1 cuill. à soupe d'huile végétale
- 1 oignon finement haché
- 300 g de riz long grain
- 2 gousses de cardamome écrasées
- 75 cl de bouillon de poulet chaud
- 400 g de feuilles d'épinards
- un peu de yaourt grec

Pour la marinade

- 250 g de yaourt grec
- 60 g de pâte tandoori (voir NOTE)
- 2 cuill. à soupe de jus de citron
- 1 kg de blanc de poulet, sans la peau, détaillé en dés de 4 cm de côté

Mettez à tremper huit piques en bois dans de l'eau pendant 30 minutes, afin qu'elles ne brûlent pas à la cuisson.

Pendant ce temps, préparez la marinade. Dans un grand saladier non métallique, mélangez le yaourt grec, la pâte tandoori et le jus de citron. Ajoutez les dés de poulet et remuez de manière à bien enrober la viande. Couvrez de film alimentaire et réservez pendant 10 minutes.

Dans une casserole, faites chauffer l'huile, puis faites cuire l'oignon 3 minutes. Ajoutez le riz et la cardamome, puis laissez cuire de 3 à 5 minutes, en remuant régulièrement, jusqu'à ce que le riz devienne légèrement opaque. Versez le bouillon de poulet, portez à ébullition, puis réduisez le feu, couvrez et laissez cuire le riz pendant 15 minutes, à couvert.

Pendant ce temps, lavez les épinards et déposez-les dans une autre casserole, puis ajoutez un peu d'eau et mettez-les à cuire 1 ou 2 minutes à feu moyen. Réservez au chaud.

Préchauffez une plancha ou le gril du four. Confectionnez des brochettes de dés de poulet marinés, en laissant libre le quart inférieur de chaque pique, puis faites-les cuire 4 ou 5 minutes de chaque côté.

Ôtez le couvercle de la casserole de riz et égrainez-le à la fourchette. Répartissez le riz dans des assiettes de service, accompagné d'épinards et d'une brochette de poulet nappée d'un peu de yaourt grec.

NOTE : la pâte tandoori est généralement composée d'un mélange de cumin, de coriandre, de cannelle, de clous de girofle, de piment rouge, de gingembre, d'ail, de curcuma, de macis, de sel, de colorant et de yaourt. La formule peut changer selon les régions. La pâte tandoori est commercialisée sous différentes variétés, conditionnée en flacons ou en sachets dans les épiceries indiennes et au rayon épices de certaines grandes surfaces.

CREVETTES AUX PIMENTS

POUR **4 personnes**
PRÉPARATION : **20 min**
CUISSON : **10 min**

> 1 kg de crevettes crues
> 2 cuill. à soupe d'huile d'arachide
> 1 morceau de gingembre de 3 cm de long émincé
> 2 gousses d'ail finement hachées
> 5 oignons nouveaux détaillés en morceaux de 3 cm de long + 1 autre émincé

Pour la sauce

> 6 cuill. à soupe de sauce pimentée à l'ail
> 2 cuill. à soupe de sauce tomate
> 2 cuill. à soupe de vin de riz chinois
> 1 cuill. à soupe de vinaigre noir chinois (vinaigre de riz)
> 1 cuill. à soupe de sauce soja
> 1 cuill. à soupe de sucre roux en poudre
> 1 cuill. à café de fécule de maïs

Préparez la sauce. Dans un petit saladier, mélangez la sauce pimentée à l'ail, la sauce tomate, le vin de riz, le vinaigre noir, la sauce soja et le sucre. Dans un bol, délayez la fécule de maïs avec 12,5 cl d'eau, puis incorporez-la au mélange.

Détachez la tête des crevettes et décortiquez-les, puis incisez légèrement le dos et retirez la veine noire.

Dans un wok à feu vif, faites chauffer l'huile, ajoutez le gingembre, l'ail et les oignons nouveaux détaillés en morceaux, puis faites revenir 1 minute. Ajoutez les crevettes et laissez cuire 2 minutes, jusqu'à ce qu'elles rosissent et se recroquevillent. Retirez le tout du wok et réservez.

Versez la sauce dans le wok et faites-la cuire 1 ou 2 minutes, tout en remuant, jusqu'à ce qu'elle épaississe légèrement. Ajoutez la préparation aux crevettes et prolongez la cuisson 2 minutes. Parsemez d'oignon nouveau émincé, puis servez.

POISSON AU GINGEMBRE

POUR **4 personnes**
PRÉPARATION : **20 min**
CUISSON : **15 min**

> 1 cuill. à soupe d'huile d'arachide
> 1 petit oignon émincé
> 3 cuill. à café de graines de coriandre en poudre
> 600 g de filets de poisson, sans arêtes, détaillés en petits morceaux
> 1 cuill. à soupe de gingembre frais grossièrement coupé
> 1 cuill. à café de piment vert épépiné et finement haché
> 2 cuill. à soupe de jus de citron vert
> 2 cuill. à soupe de feuilles de coriandre
> sel et poivre du moulin

Dans un wok à feu vif, faites chauffer l'huile, puis faites revenir l'oignon 4 minutes, jusqu'à ce qu'il ait fondu et qu'il soit légèrement doré. Ajoutez les graines de coriandre en poudre et laissez cuire 1 ou 2 minutes, jusqu'à ce que les parfums se développent. Ajoutez les morceaux de poisson, le gingembre et le piment, puis faites revenir de 5 à 7 minutes, en veillant à ne pas émietter le poisson. Arrosez de jus de citron vert et assaisonnez. Parsemez de feuilles de coriandre et servez.

CLAMS À LA SAUCE AUX PIMENTS

POUR **4 personnes**
TREMPAGE : **30 min**
PRÉPARATION : **15 min**
CUISSON : **12 à 15 min**

- 1 kg de clams
- 3 gousses d'ail émincées
- 3 petits piments rouges épépinés et coupés en deux dans le sens de la longueur
- 1 cuill. à soupe de sauce soja claire
- 25 cl de fumet de poisson ou de bouillon de poulet
- 1 bouquet de basilic thaï

Pour la pâte pimentée

- 2 cuill. à soupe d'huile végétale
- 2 oignons nouveaux émincés
- 2 gousses d'ail émincées
- 85 g de crevettes séchées
- 6 petits piments rouges épépinés
- 2 cuill. à café de sucre de palme râpé ou de sucre roux
- 2 cuill. à café de sauce nuoc-mâm
- 2 cuill. à café de pulpe de tamarin
- 1 pincée de sel

Faites tremper les clams pendant 30 minutes dans un saladier empli d'eau froide. Retirez les coquilles brisées et celles qui demeurent ouvertes lorsque vous les tapotez.

Pendant ce temps, préparez la pâte pimentée. Dans un wok à feu moyen, faites chauffer l'huile, ajoutez les oignons nouveaux, l'ail, les crevettes séchées et les piments, puis faites-les revenir 3 minutes, jusqu'à ce que le tout se colore. Retirez la préparation du wok à l'aide d'une écumoire et réservez l'huile de cuisson. Transvasez la préparation dans le bol d'un robot ou dans un mortier, ajoutez le sucre de palme, puis mixez-la ou pilez-la jusqu'à obtention d'une consistance homogène. Ajoutez la sauce nuoc-mâm, la pulpe de tamarin et le sel, puis mixez de nouveau pour obtenir une pâte à la texture fine.

Faites chauffer l'huile réservée dans le wok, ajoutez l'ail, les piments, la sauce soja et la pâte pimentée. Mélangez bien, versez le fumet de poisson ou le bouillon de poulet, puis portez à ébullition. Ajoutez les clams et laissez-les cuire 2 ou 3 minutes à feu moyen – veillez bien à retirer les clams non ouverts. Incorporez le basilic thaï et servez sans attendre.

RIZ SAUTÉ À LA VIETNAMIENNE

POUR **4 personnes**
PRÉPARATION : **30 min**
CUISSON : **35 min**

- 4 cuill. à soupe de sauce nuoc-mâm
- 2 cuill. à soupe de sauce soja
- 2 cuill. à café de sucre en poudre
- 3 œufs
- 1 pincée de sel
- 8 ½ cuill. à soupe d'huile végétale
- 1 gros oignon finement haché
- 6 oignons nouveaux hachés
- 4 gousses d'ail finement hachées
- 1 morceau de gingembre frais de 5 cm de long râpé
- 2 petits piments rouges épépinés et finement hachés
- 250 g de filet de porc finement haché
- 125 g de saucisse chinoise sèche et fumée (lap cheong), détaillée en rondelles
- 100 g de haricots verts hachés
- 100 g de carotte hachée
- 1/2 poivron rouge épépiné, évidé et haché
- 470 g de riz parfumé au jasmin cuit, puis refroidi

Dans un saladier, mélangez la sauce nuoc-mâm, la sauce soja et le sucre en poudre, puis remuez jusqu'à ce que le sucre soit dissous.

Dans un bol, battez les œufs et le sel à l'aide d'un fouet. Dans un wok, faites chauffer 1 cuillerée à soupe d'huile, puis faites cuire les œufs battus 2 ou 3 minutes à feu moyen, en remuant régulièrement. Retirez les œufs brouillés du wok et réservez.

Ajoutez 1 cuillerée à soupe d'huile dans le wok, puis faites revenir l'oignon, les oignons nouveaux, l'ail, le gingembre et les piments 7 minutes, jusqu'à ce que l'oignon commence à fondre. Retirez les ingrédients du wok et réservez. Ajoutez de nouveau un peu d'huile, puis faites revenir le porc et les rondelles de saucisse 3 ou 4 minutes. Retirez-les du wok et réservez.

Versez le reste d'huile dans le wok, puis faites revenir les haricots verts, la carotte et le poivron 2 minutes. À l'exception des œufs brouillés, ajoutez dans le wok tous les ingrédients réservés et le riz, puis incorporez le mélange à base de sauce nuoc-mâm et remuez. Ajoutez les œufs brouillés, remuez délicatement et servez sans attendre.

TOFU AUX LÉGUMES

POUR **4 à 6 personnes**
PRÉPARATION : **30 min**
CUISSON : **20 min**

- 125 g de vermicelles de riz
- 20 cl d'huile pour la friture
- 1 cuill. à soupe de sauce soja
- 1 cuill. à soupe de xérès
- 1 cuill. à soupe de sauce d'huîtres
- 12,5 cl de bouillon de légumes
- 2 cuill. à café de fécule de maïs
- 1 cuill. à soupe d'huile végétale
- 1 gousse d'ail écrasée
- 1 cuill. à café de gingembre frais râpé
- 375 g de tofu frais détaillé en petits cubes
- 2 carottes détaillées en fins bâtonnets
- 250 g de haricots mange-tout équeutés
- 4 oignons nouveaux émincés
- 425 g de champignons de paille en conserve, égouttés

Brisez les vermicelles de riz en petits morceaux. Dans un wok à feu moyen, faites chauffer la moitié de l'huile de friture et faites frire les vermicelles de riz en deux fois, en ajoutant le reste d'huile pour le second bain de friture.

Dans un petit saladier, mélangez la sauce soja, le xérès, la sauce d'huîtres et le bouillon de légumes. Dans un bol, délayez la fécule de maïs avec 2 cuillerées à café d'eau.

Dans un wok à feu vif, faites chauffer l'huile végétale, ajoutez l'ail et le gingembre, puis faites-les revenir 1 minute. Ajoutez les cubes de tofu, laissez revenir 3 minutes, puis retirez-les du wok et réservez-les.

Ajoutez dans le wok les carottes et les haricots mange-tout, puis faites-les revenir 1 minute. Incorporez le mélange à base de sauce soja, couvrez et prolongez la cuisson 3 minutes, jusqu'à ce que les légumes soient tendres. Remettez le tofu dans le wok, puis ajoutez les oignons nouveaux, les champignons de paille et la fécule de maïs délayée. Remuez jusqu'à ce que la sauce épaississe. Retirez du feu et servez avec les vermicelles de riz frits.

SAUTÉ DE POULET GLACÉ À LA SAUCE HOISIN

POUR **4 personnes**
PRÉPARATION : **15 min**
CUISSON : **15 min**

> 2 ½ cuill. à soupe d'huile d'arachide
> 2 gousses d'ail hachées
> 1 cuill. à soupe de gingembre frais grossièrement coupé
> 1 cuill. à soupe de sauce aux haricots noirs
> 1 cuill. à soupe de sauce hoisin
> 1 cuill. à soupe de vin de riz chinois
> 1 cuill. à café de sauce soja claire
> 4 oignons nouveaux émincés
> riz cuit à la vapeur

Pour la marinade

> 1/2 cuill. à café d'huile de sésame
> 1 blanc d'œuf
> 1 cuill. à soupe de fécule de maïs
> 700 g de cuisses de poulet, sans la peau, désossées et détaillées en dés

Dans un grand saladier non métallique, mélangez l'huile de sésame, le blanc d'œuf et la fécule de maïs. Ajoutez les dés de poulet et remuez afin de bien enrober la viande de marinade. Couvrez de film alimentaire et réservez au réfrigérateur pendant au moins 15 minutes.

Dans un wok à feu vif, faites chauffer l'huile d'arachide, puis faites revenir les dés de poulet marinés 4 minutes, jusqu'à ce que la viande soit cuite, en procédant en trois fois. Retirez-la du wok et réservez.

Dans le même wok à feu vif, versez le reste d'huile d'arachide, si nécessaire, ajoutez l'ail et le gingembre, puis faites-les revenir 1 minute. Ajoutez le poulet, la sauce aux haricots noirs et la sauce hoisin. Laissez cuire 1 minute, en remuant, puis incorporez le vin de riz, la sauce soja et les oignons nouveaux. Faites cuire le tout 1 minute, jusqu'à ce que la sauce épaississe et que les dés de poulet soient glacés. Servez accompagné de riz vapeur.

萬

CREVETTES À L'AIL ET AU GINGEMBRE

POUR **4 personnes**
PRÉPARATION : **25 min**
CUISSON : **10 min**

- 1 kg de grosses crevettes
- 2 cuill. à soupe d'huile végétale
- 3 ou 4 gousses d'ail finement hachées
- 1 morceau de gingembre frais de 5 cm de long détaillé en fins bâtonnets
- 2 ou 3 petits piments rouges épépinés et finement hachés
- 4 cuill. à café de graines de coriandre en poudre
- 8 oignons nouveaux coupés en petits morceaux, en diagonale
- 1/2 poivron rouge émincé
- 2 cuill. à soupe de jus de citron
- 12,5 cl de vin blanc
- 2 cuill. à café de sucre de palme râpé ou de sucre roux
- 2 cuill. à café de sauce nuoc-mâm
- 1 cuill. à soupe de feuilles de coriandre

Détachez la tête des crevettes et décortiquez-les en partie, en laissant l'extrémité de la queue intacte, puis incisez légèrement le dos et retirez la veine noire. Pressez un peu chaque crevette afin de les aplatir.

Dans un wok à feu vif, faites chauffer l'huile, ajoutez la moitié des crevettes, de l'ail, du gingembre, des piments et des graines de coriandre, puis faites revenir 1 ou 2 minutes, jusqu'à ce que les crevettes rosissent. Retirez la préparation du wok et réservez. Répétez l'opération avec l'autre moitié des ingrédients, puis retirez-les du wok et réservez-les également.

Ajoutez les oignons nouveaux et le poivron dans le wok, puis faites-les cuire 2 ou 3 minutes à feu vif. Dans un bol, mélangez le jus de citron, le vin blanc et le sucre de palme. Versez dans le wok et portez à ébullition, jusqu'à ce que le liquide ait réduit aux deux tiers.

Ajoutez la préparation à base de crevettes, puis nappez le tout de sauce nuoc-mâm, remuez et faites bien réchauffer. Ôtez le wok du feu, parsemez la préparation de feuilles de coriandre et servez sans attendre.

SAUTÉ DE BŒUF

POUR **4 personnes**
MARINADE : **1 h**
PRÉPARATION : **10 min**
CUISSON : **10 min**

- 1 ½ cuill. à soupe de sauce nuoc-mâm
- 1 ½ cuill. à soupe de sauce soja claire
- 1 ½ cuill. à café de sucre en poudre extra-fin
- 6 gousses d'ail écrasées
- 3 oignons nouveaux, partie blanche uniquement, finement hachée
- 2 ½ cuill. à soupe d'huile végétale
- 1/2 cuill. à café de sel
- 1/2 cuill. à café de poivre noir moulu
- 750 g de filet de bœuf détaillé en dés de 2 cm de côté
- 100 g de feuilles de laitue
- riz cuit à la vapeur

Pour la vinaigrette

- 2 cuill. à café de vinaigre de riz
- 2 cuill. à café de jus de citron vert
- 1 cuill. à café de sauce soja
- 3 cuill. à café d'huile végétale

Dans un grand saladier non métallique, mélangez la sauce nuoc-mâm, la sauce soja, le sucre en poudre, l'ail, les oignons nouveaux et 1/2 cuillerée à soupe d'huile, puis saupoudrez de sel et de poivre noir. Ajoutez les dés de viande, couvrez de film alimentaire et laissez mariner pendant au moins 1 heure, et jusqu'à 1 nuit, au réfrigérateur.

Préparez la vinaigrette. Dans un récipient non métallique, mélangez le vinaigre de riz, le jus de citron vert, la sauce soja, l'huile et 2 cuillerées à café d'eau, puis réservez.

Dans un wok à feu vif, faites chauffer 1 cuillerée à soupe d'huile, ajoutez la moitié des dés de viande marinés en une couche uniforme et faites-les revenir 1 minute, sans remuer, de manière à former une croûte dorée sur une face. Prolongez la cuisson en les faisant sauter 3 ou 4 minutes, pour que la viande soit à point. Retirez-les du wok, puis répétez l'opération avec le reste de l'huile et de la viande.

Étalez les feuilles de laitue sur un plat de service et nappez-les de vinaigrette. Disposez les dés de viande sautée sur le lit de laitue et servez sans attendre, accompagné de riz vapeur.

SAMBAL INDONÉSIEN AU CALMAR

POUR **6 personnes**
PRÉPARATION : **20 min**
CUISSON : **15 min**

- 1 kg de calmars nettoyés
- 1 cuill. à soupe de vinaigre blanc chinois (vinaigre de riz)
- 1 cuill. à soupe de pulpe de tamarin
- 6 cuill. à soupe d'eau bouillante
- 4 échalotes roses finement hachées
- 8 petits piments rouges, dont 4 épépinés et hachés
- 6 gousses d'ail
- 1 tige de citronnelle, partie blanche uniquement, hachée
- 2 cuill. à café de gingembre frais râpé
- 1/2 cuill. à café de pâte de crevettes
- 2 1/2 cuill. à soupe d'huile d'arachide
- 1/2 cuill. à café de cumin en poudre
- 1 1/2 cuill. à soupe de sucre roux en poudre
- riz cuit à la vapeur

Coupez les calmars en deux dans le sens de la longueur, disposez les moitiés sur une planche à découper, côté intérieur en dessus, puis pratiquez plusieurs incisions en diagonale, de manière à former un motif en losanges, en veillant à ne pas trop entailler la chair. Détaillez chaque moitié de calmar en carrés de 5 cm de côté, puis déposez tous les morceaux dans un saladier. Ajoutez le vinaigre et 1 l d'eau, laissez-les tremper pendant 20 minutes, puis rincez-les, séchez-les et réservez-les.

Dans un saladier, mélangez la pulpe de tamarin avec l'eau bouillante, puis laissez reposer pendant 5 minutes, jusqu'à ce que la pulpe commence à fondre. Filtrez la préparation au-dessus d'un bol, retirez les particules solides, puis réservez.

Dans le bol d'un robot ou dans un mortier, réunissez les échalotes, les piments, la tige de citronnelle, le gingembre, la pâte de crevettes et 1 cuillerée à café d'huile. Mixez ou pilez, jusqu'à obtention d'une pâte homogène, puis incorporez le cumin et réservez.

Dans un wok à feu vif, faites chauffer 1 cuillerée à soupe d'huile, puis faites cuire la pâte pimentée 5 minutes, jusqu'à évaporation du liquide et obtention d'une sauce veloutée et parfumée. Retirez-la du wok.

Dans le même wok à feu vif, faites chauffer le reste d'huile, puis faites revenir les morceaux de calmar 1 ou 2 minutes, en procédant en plusieurs fois. Retirez-les également du wok.

Réduisez le feu, puis ajoutez dans le wok la sauce pimentée, l'eau de trempage filtrée et le sucre. Laissez cuire 2 minutes, jusqu'à ce que la sauce soit homogène. Remettez les morceaux de calmar et faites-les revenir 1 minute, de manière à les enrober de sauce. Servez bien chaud, accompagné de riz vapeur.

ÉPINARDS SAUTÉS À LA THAÏLANDAISE

POUR **4 personnes**
PRÉPARATION : **10 min**
CUISSON : **2 min**

- 4 gousses d'ail écrasées
- 2 piments verts émincés
- 1 cuill. à soupe de sauce aux haricots noirs
- 2 cuill. à soupe de sauce nuoc-mâm
- 2 cuill. à café de sucre en poudre
- 2 cuill. à soupe d'huile végétale
- 500 g de jeunes pousses d'épinards détaillées en morceaux de 3 cm de long

Dans un bol, mélangez l'ail, les piments, la sauce aux haricots noirs, la sauce nuoc-mâm et le sucre en poudre.

Dans un wok à feu vif, faites chauffer l'huile, puis faites revenir les pousses d'épinards 1 minute, jusqu'à ce qu'elles commencent à fondre. Incorporez l'assaisonnement et faites revenir la préparation 30 secondes, jusqu'à ce que les épinards soient bien enrobés de sauce. Servez sans attendre.

AUBERGINES À LA PÂTE DE HARICOTS AUX PIMENTS

POUR **4 à 6 personnes**
PRÉPARATION : **20 min**
CUISSON : **15 min**

- 12,5 cl de bouillon de légumes
- 4 cuill. à soupe de vin de riz chinois
- 2 cuill. à soupe de vinaigre de riz
- 1 cuill. à soupe de concentré de tomate
- 2 cuill. à café de sucre roux en poudre
- 2 cuill. à soupe de sauce soja
- 4 cuill. à soupe d'huile d'arachide
- 800 g d'aubergines détaillées en dés de 2 cm de côté
- 4 oignons nouveaux hachés
- 3 gousses d'ail écrasées
- 1 cuill. à soupe de gingembre frais râpé
- 1 cuill. à soupe de pâte de haricots aux piments
- 1 cuill. à café de fécule de maïs

Dans un saladier, mélangez le bouillon de légumes, le vin de riz, le vinaigre de riz, le concentré de tomate, le sucre et la sauce soja, puis réservez.

Dans un wok à feu vif, faites chauffer la moitié de l'huile, puis faites dorer les aubergines 3 minutes, en procédant en plusieurs fois. Ôtez-les du wok et réservez.

Faites chauffer le reste de l'huile dans le wok, ajoutez les oignons nouveaux, l'ail, le gingembre et la pâte de haricots aux piments, puis faites-les revenir 30 secondes. Incorporez la sauce et laissez revenir la préparation 1 minute. Délayez la fécule de maïs avec 1 cuillerée à café à d'eau. Versez-la dans le wok et portez à ébullition, puis ajoutez les aubergines et laissez cuire 2 ou 3 minutes. Servez sans attendre.

SAUTÉ DE HACHIS DE BŒUF ÉPICÉ

POUR **4 personnes**
MARINADE : **2 h**
PRÉPARATION : **15 min**
CUISSON : **10 min**

- 2 ou 3 cuill. à soupe d'huile d'arachide
- 2 gousses d'ail finement hachées
- 1 cuill. à café de gingembre frais râpé
- 2 cuill. à café de vin de riz chinois
- 3 oignons nouveaux finement hachés

Pour la marinade

- 1 cuill. à soupe de sauce soja claire
- 1/2 cuill. à café d'huile de sésame
- 2 cuill. à café de vin de riz chinois
- 1/2 cuill. à café de sel
- 400 g de filet de bœuf émincé, puis haché

Pour la sauce

- 1 1/2 cuill. à soupe de sauce aux haricots noirs
- 1 cuill. à soupe de pâte de haricots aux piments
- 1/2 cuill. à café de sucre en poudre
- 1/2 cuill. à café d'huile pimentée
- 1 pincée de sel marin

Préparez la marinade. Dans un saladier non métallique, mélangez la sauce soja, l'huile de sésame, la moitié du vin de riz et le sel. Ajoutez le bœuf haché, couvrez de film alimentaire et laissez mariner au réfrigérateur pendant 2 heures.

Pendant ce temps, préparez la sauce. Dans un bol non métallique, mélangez tous les ingrédients, puis réservez.

Dans un wok à feu vif, faites chauffer 1 cuillerée à soupe d'huile d'arachide, puis ajoutez la viande marinée en deux fois, en l'émiettant à la main. Faites-la revenir 1 minute chaque fois, puis retirez-la du wok et égouttez-la sur du papier absorbant.

Nettoyez et séchez le wok. Versez l'huile d'arachide restante, ajoutez l'ail et le gingembre, puis faites-les revenir 30 secondes à feu vif, jusqu'à ce que les parfums se développent. Incorporez la viande et laissez cuire 2 minutes. Versez le vin de riz et faites revenir 30 secondes, jusqu'à ce que le liquide ait complètement réduit. Ajoutez la sauce pimentée et mélangez de manière à bien enrober la viande. Ôtez du feu, incorporez les oignons nouveaux et servez sans attendre.

PORC SAUTÉ AU CINQ-ÉPICES

POUR **4 personnes**
PRÉPARATION : **20 min**
CUISSON : **20 min**

- 275 g de nouilles fines fraîches aux œufs
- 1 cuill. à soupe d'huile de sésame
- 3 cuill. à café de gingembre frais râpé
- 1 ½ cuill. à café de cinq-épices
- 2 cuill. à café de farine de riz (voir NOTE)
- 500 g de filet de porc émincé
- 2 cuill. à soupe d'huile végétale
- 2 gousses d'ail écrasées
- 1 poivron rouge émincé
- 300 g de chou chinois (wong bok ou pak-choï) haché
- 6 oignons nouveaux émincés
- 2 cuill. à soupe de vin de riz chinois
- 2 cuill. à soupe de sauce hoisin
- 1 cuill. à soupe de sauce soja
- sel et poivre du moulin

Dans une casserole d'eau bouillante, faites cuire les nouilles 1 minute, puis égouttez-les, rincez-les et remettez-les dans la casserole. Arrosez-les de la moitié de l'huile de sésame, remuez bien, puis réservez.

Dans un saladier, mélangez le gingembre, le cinq-épices et la farine de riz, puis assaisonnez. Ajoutez les lamelles de porc et mélangez pour bien enrober la viande.

Dans un wok à feu vif, faites chauffer la moitié de l'huile végétale et faites revenir les lamelles de viande au cinq-épices 5 minutes, en procédant en plusieurs fois, si nécessaire. Retirez la viande du wok et réservez. Versez le reste de l'huile végétale dans le wok, ajoutez l'ail, le poivron, le chou chinois et les oignons nouveaux, puis faites cuire le tout 3 minutes, jusqu'à ce que les légumes soient tendres.

Remettez les lamelles de viande dans le wok, puis incorporez le vin de riz, la sauce hoisin, la sauce soja et le reste de l'huile de sésame. Laissez mijoter 2 minutes, puis ajoutez les nouilles et faites réchauffer à feu doux avant de servir.

NOTE : très utilisée en Asie, la farine de riz est une mouture de riz cru décortiqué. Selon la variété de riz utilisé et la finesse de la poudre, on trouve de la farine de riz, de la farine de riz gluant, de la farine de riz complet...

POULET DU GÉNÉRAL TSO

POUR **4 à 6 personnes**
PRÉPARATION : **15 min**
CUISSON : **10 min**

- 2 cuill. à soupe de vin de riz chinois
- 1 cuill. à soupe de fécule de maïs
- 5 ½ cuill. à soupe de sauce soja foncée
- 3 cuill. à café d'huile de sésame
- 900 g de cuisses de poulet, sans la peau, désossées et détaillées en dés de 3 cm de côté
- 2 zestes de citron séchés
- 8 ½ cuill. à soupe d'huile d'arachide
- 1 ½ cuill. à café de piment de Cayenne
- 2 cuill. à soupe de gingembre frais râpé
- 2 oignons nouveaux émincés
- 2 cuill. à café de sucre en poudre
- 1/2 cuill. à café de sel

Dans un grand saladier non métallique, mélangez le vin de riz, la fécule de maïs, 2 cuillerées à soupe de sauce soja et 2 cuillerées à café d'huile de sésame. Ajoutez les dés de poulet et mélangez afin de bien enrober la viande, puis couvrez et réservez au réfrigérateur pendant 1 heure.

Pendant ce temps, faites tremper les zestes de citron dans un saladier empli d'eau chaude pendant 20 minutes, puis retirez-les et hachez-les finement, de manière à obtenir 1 ½ cuillerée à café de zeste haché.

Dans un wok à feu vif, faites chauffer l'huile. Égouttez les dés de poulet marinés à l'aide d'une écumoire, puis déposez-les dans le wok et faites-les revenir 2 minutes, jusqu'à ce qu'ils soient dorés, en procédant en plusieurs fois. Retirez-les du wok avec l'écumoire et égouttez-les dans une passoire.

Videz le wok en y laissant 1 cuillerée à soupe d'huile, ajoutez le piment et le gingembre, puis faites-les revenir 10 secondes à feu vif. Ajoutez le poulet, la moitié des oignons nouveaux, le sucre en poudre, le reste de sauce soja et d'huile de sésame, puis salez et prolongez la cuisson 2 ou 3 minutes. Parsemez de l'oignon nouveau restant et servez bien chaud.

NOTE : cette recette porte le nom d'un général chinois du XIXe siècle en poste dans la province du Yunnan.

LÉGUMES BRAISÉS AUX NOIX DE CAJOU

POUR **4 personnes**
PRÉPARATION : **15 min**
CUISSON : **10 min**

- 300 g de chou chinois fleuri (choy sum)
- 150 g de pleurotes en huître
- 150 g de mini-épis de maïs
- 1 cuill. à soupe d'huile d'arachide
- 2 gousses d'ail hachées
- 2 cuill. à café de gingembre frais râpé
- 20 cl de bouillon de poulet ou de légumes
- 200 g de pousses de bambou en conserve, émincées
- 2 cuill. à café de fécule de maïs
- 2 cuill. à soupe de sauce d'huîtres
- 2 cuill. à café d'huile de sésame
- 90 g de germes de soja préparés
- riz cuit à la vapeur
- 75 g de noix de cajou grillées, non salées

Détaillez le chou chinois fleuri en morceaux de 10 cm de long, puis coupez les pleurotes et les mini-épis de maïs en deux, en diagonale.

Dans un wok à feu moyen, faites chauffer l'huile d'arachide, ajoutez l'ail et le gingembre, puis faites-les revenir 1 minute. Augmentez le feu, ajoutez le chou chinois fleuri et les moitiés de mini-épi de maïs, puis faites cuire 1 minute.

Ajoutez le bouillon de poulet ou de légumes, puis prolongez la cuisson 3 ou 4 minutes, jusqu'à ce que les tiges du chou soient tendres. Ajoutez les pousses de bambou et les moitiés de pleurote, puis laissez cuire 1 minute.

Dans un bol, délayez la fécule de maïs avec 1 cuillerée à soupe d'eau. Ajoutez la pâte ainsi obtenue dans le wok, puis versez la sauce d'huîtres et laissez cuire 1 ou 2 minutes, jusqu'à ce que la sauce épaisse légèrement. Incorporez l'huile de sésame et les germes de soja. Disposez les légumes sur un lit de riz vapeur, parsemez de noix de cajou grillées et servez.

SAUTÉ DE POULET AUX POIS GOURMANDS

POUR **4 personnes**
PRÉPARATION : **15 min**
CUISSON : **15 min**

- 3 blancs de poulet, sans la peau
- 2 cuill. à soupe d'huile végétale
- 1 oignon émincé
- 3 feuilles de citron kaffir ou de citron vert grossièrement coupées
- 1 poivron rouge émincé
- 4 cuill. à soupe de jus de citron vert
- 10 cl de sauce soja
- 100 g de pois gourmands
- 2 cuill. à soupe de feuilles de coriandre hachées

Détaillez les blancs de poulet en dés de 2 cm de côté.

Dans un wok à feu moyen, faites chauffer l'huile, ajoutez l'oignon et les feuilles de kaffir, puis faites-les revenir de 3 à 5 minutes, jusqu'à ce que l'oignon commence à fondre. Ajoutez les dés de poulet et faites cuire 4 minutes, puis incorporez le poivron et prolongez la cuisson 2 ou 3 minutes.

Versez le jus de citron vert et la sauce soja, puis laissez cuire 1 ou 2 minutes, jusqu'à ce que le liquide ait légèrement réduit. Ajoutez les pois gourmands et la coriandre. Faites cuire le tout jusqu'à ce que les pois gourmands commencent à s'attendrir, puis servez sans attendre.

YAKISOBA

POUR **4 personnes**
PRÉPARATION : **30 min**
CUISSON : **10 min**

- 4 champignons shiitakés séchés
- 600 g de nouilles fraîches aux œufs
- 3 cuill. à café de gingembre frais râpé
- 2 grosses gousses d'ail émincées
- 300 g de filet de bœuf émincé
- 6 tranches de bacon entrelardé, coupées en morceaux de 3 cm de long
- 2 cuill. à soupe d'huile d'arachide
- 1/2 cuill. à soupe d'huile de sésame
- 6 petits oignons nouveaux coupés en morceaux
- 1 carotte émincée
- 1 petit poivron vert émincé
- 220 g de chou chinois (wong bok) grossièrement coupé
- un peu de gingembre mariné au vinaigre, grossièrement coupé
- 1 feuille de nori grossièrement coupée

Pour la sauce

- 4 cuill. à soupe de sauce soja japonaise
- 2 cuill. à soupe de Worcestershire sauce
- 1 ½ cuill. à soupe de vinaigre de riz japonais
- 1 cuill. à soupe de saké
- 1 cuill. à soupe de mirin
- 1 cuill. à soupe de sauce tomate
- 1 cuill. à soupe de sauce d'huîtres
- 2 cuill. à café de sucre roux en poudre

Déposez les champignons shiitakés dans un saladier résistant à la chaleur, couvrez-les d'eau bouillante et laissez-les tremper pendant 20 minutes. Égouttez-les, en réservant 2 cuillerées à soupe de l'eau de trempage, séchez-les, puis retirez les pieds et émincez les chapeaux.

Pendant ce temps, déposez les nouilles dans un saladier résistant à la chaleur, couvrez-les d'eau bouillante et laissez-les tremper pendant 1 minute. Égouttez-les et séparez-les les unes des autres.

Dans un petit saladier, mélangez la moitié du gingembre avec la moitié de l'ail, puis ajoutez les lamelles de bœuf et remuez afin de bien enrober la viande. Réservez.

Préparez la sauce. Dans un saladier, mélangez tous les ingrédients, puis ajoutez l'eau de trempage des champignons réservée, ainsi que le reste de gingembre et d'ail.

Dans un wok à feu moyen, faites cuire le bacon environ 2 ou 3 minutes, jusqu'à ce qu'il commence à dorer. Transvasez le tout dans un grand saladier et réservez.

Mélangez les huiles dans un bol, puis versez-en un tiers dans le wok et faites revenir les lamelles de bœuf 1 minute à feu vif, jusqu'à ce que la viande change de couleur.

Versez un autre tiers du mélange d'huiles dans le wok, ajoutez les oignons nouveaux, la carotte et le poivron, puis faites-les revenir 1 minute. Ajoutez le chou chinois, les champignons shiitakés et laissez cuire 30 secondes, jusqu'à ce que les légumes commencent à s'attendrir. Transvasez dans le saladier contenant le bacon, puis réservez.

Faites chauffer le reste du mélange d'huiles dans le wok et faites revenir les nouilles 1 minute. Ajoutez le bacon, les légumes et le bœuf, puis arrosez de la sauce et faites revenir le tout 2 ou 3 minutes, jusqu'à ce que le liquide se soit presque complètement évaporé. Répartissez la préparation dans quatre grands bols de service. Parsemez de morceaux de gingembre mariné et de feuille de nori. Servez sans attendre.

POULPES SAUTÉS

POUR **4 personnes**
PRÉPARATION : **30 min**
MARINADE : **2 h**
CUISSON : **10 min**

- 500 g de petits poulpes
- 3 cuill. à soupe de feuilles de coriandre hachées
- 2 gousses d'ail finement hachées + 2 autres écrasées
- 2 piments rouges épépinés et hachés
- 3 cuill. à café de gingembre frais râpé
- 2 tiges de citronnelle, partie blanche uniquement, hachées
- 3 cuill. à soupe d'huile végétale
- 2 cuill. à soupe de jus de citron vert
- 550 g de chou chinois (pak-choï ou bok choy), feuilles séparées
- 400 g de chou chinois fleuri (choy sum), feuilles séparées

Sectionnez les tentacules des petits poulpes en dessous des yeux, ôtez le bec corné, puis retirez les viscères en maintenant fermement le corps. Nettoyez soigneusement les poulpes à l'eau froide et séchez-les avec du papier absorbant. Coupez chaque tête en deux ou trois morceaux.

Dans un saladier non métallique, mélangez la coriandre, l'ail haché, les piments, 2 cuillerées à café de gingembre, les tiges de citronnelle, 1 cuillerée à soupe d'huile et le jus de citron vert. Ajoutez les poulpes, couvrez de film alimentaire et réservez pendant au moins 2 heures, et jusqu'à 1 nuit, au réfrigérateur.

Dans un wok à feu vif, faites chauffer 1 cuillerée à soupe d'huile, ajoutez le chou chinois, le chou chinois fleuri et 1 cuillerée à soupe d'eau, puis faites revenir 3 minutes, jusqu'à ce que les légumes fondent. Retirez-les du wok et disposez-les sur un plat de service.

Faites chauffer le reste de l'huile dans le wok, ajoutez l'ail écrasé et 1 cuillerée à café de gingembre, puis faites revenir 30 secondes, jusqu'à ce que les parfums se développent. Ajoutez les poulpes marinés et laissez cuire 7 ou 8 minutes à feu vif, jusqu'à ce qu'ils soient tendres. Dressez sur le lit de légumes et servez sans attendre.

POULET AU CITRON À LA CANTONAISE

POUR **4 personnes**
PRÉPARATION : **20 min**
CUISSON : **25 min**

- 1 jaune d'œuf légèrement battu
- 2 cuill. à café de sauce soja
- 2 cuill. à café de xérès sec
- 3 cuill. à café de fécule de maïs + 6 cuill. à soupe
- 500 g de blancs de poulet, sans la peau, détaillés en lamelles de 1 cm de large
- 2 ½ cuill. à café de farine
- huile pour la friture
- 4 oignons nouveaux émincés

Pour la sauce

- 5 ½ cuill. à café de jus de citron
- 2 cuill. à soupe de sucre en poudre
- 1 cuill. à soupe de xérès sec
- 2 cuill. à café de fécule de maïs

Dans un petit saladier, mélangez le jaune d'œuf, 1 cuillerée à soupe d'eau, la sauce soja, le xérès et 3 cuillerées à café de fécule de maïs, jusqu'à obtention d'une préparation homogène. Versez le mélange sur les lamelles de poulet, mélangez bien et réservez pendant 10 minutes.

Tamisez 6 cuillerées à soupe de fécule de maïs et la farine au-dessus d'une assiette. Roulez-y les lamelles de poulet marinées, de manière à les enrober uniformément, éliminez l'excédent, puis disposez-les en une couche sur une assiette.

Emplissez un wok ou une friteuse au tiers d'huile et faites-la chauffer à 180 °C. Plongez-y délicatement les lamelles de poulet et faites-les dorer 2 minutes, en procédant en plusieurs fois. Retirez-les frites à l'aide d'une écumoire et égouttez-les sur du papier absorbant. Réservez l'huile de friture.

Préparez la sauce. Dans une petite casserole, mélangez 2 cuillerées à soupe d'eau, le jus de citron, le sucre en poudre et le xérès. Portez à ébullition à feu moyen, en remuant, jusqu'à ce que le sucre soit dissous. Dans un bol, mélangez la fécule de maïs avec 1 cuillerée à soupe d'eau. Incorporez la pâte ainsi obtenue à la sauce au citron, en continuant de remuer, jusqu'à ce que la sauce bouille et épaississe, puis réservez.

Juste avant de servir, faites chauffer dans le wok l'huile de friture réservée à feu vif. Plongez-y les lamelles de poulet et faites-les de nouveau dorer 2 minutes. Retirez-les à l'aide d'une écumoire et égouttez-les sur du papier absorbant. Empilez les lamelles de poulet sur un plat de service, nappez de sauce au citron, parsemez d'oignons nouveaux et servez.

NOTE : la première friture peut être réalisée plusieurs heures à l'avance.

BŒUF SAUTÉ À LA SAUCE MANDARINE

POUR **4 personnes**
PRÉPARATION : **15 min**
CUISSON : **5 min**

> 1 cuill. à soupe d'huile d'arachide
> 1 pincée de poivre blanc moulu
> 2 cuill. à café de zeste de mandarine séché, finement haché
> 2 cuill. à café de sauce soja
> 1 ½ cuill. à café de sucre en poudre
> 1 ½ cuill. à café de fécule de maïs
> 6 cuill. à soupe de bouillon de bœuf
> riz cuit à la vapeur

Pour la marinade

> 2 cuill. à café de sauce soja
> 2 cuill. à café de xérès sec
> 1 cuill. à café de gingembre frais haché
> 1 cuill. à café d'huile de sésame
> 350 g d'entrecôte émincée

Préparez la marinade. Dans un saladier, mélangez la sauce soja, le xérès, le gingembre et l'huile de sésame. Ajoutez les lamelles de bœuf, puis remuez de manière à bien enrober la viande. Réservez pendant 15 minutes.

Dans un wok, faites chauffer l'huile d'arachide, puis faites revenir les lamelles de bœuf 2 minutes à feu vif, jusqu'à ce que la viande change de couleur. Saupoudrez de poivre blanc, ajoutez le zeste de mandarine, la sauce soja et le sucre en poudre, puis faites revenir brièvement.

Délayez la fécule de maïs avec un peu de bouillon de bœuf, puis versez dans le wok. Incorporez le bouillon de bœuf restant et remuez, jusqu'à ébullition et épaississement de la sauce. Servez accompagné de riz vapeur.

POULET À LA CITRONNELLE ET AU GINGEMBRE

POUR **4 personnes**
PRÉPARATION : **20 min**
CUISSON : **20 min**

> 2 cuill. à soupe d'huile végétale
> 2 oignons grossièrement hachés
> 4 gousses d'ail finement hachées
> 1 morceau de gingembre de 5 cm de long râpé
> 3 tiges de citronnelle, partie blanche uniquement, émincée
> 2 cuill. à café de piment vert haché
> 500 g de cuisses de poulet, sans la peau, désossée et émincées
> 1 cuill. à café de sucre en poudre
> 1 cuill. à soupe de sauce nuoc-mâm

Dans une grande poêle à frire ou un wok à feu moyen, faites chauffer l'huile, ajoutez les oignons, l'ail, le gingembre, les tiges de citronnelle et le piment, puis faites-les revenir de 3 à 5 minutes, jusqu'à ce qu'ils soient dorés – veillez à ne pas laisser brûler la préparation qui prendrait alors un goût amer.

Augmentez le feu, ajoutez les lamelles de poulet et remuez bien le tout. Incorporez le sucre en poudre et laissez cuire 5 minutes, en remuant régulièrement. Versez la sauce nuoc-mâm et prolongez la cuisson 2 minutes. Servez sans attendre.

NOIX DE SAINT-JACQUES À LA PÂTE DE HARICOTS AUX PIMENTS

POUR **4 personnes**
PRÉPARATION : **20 min**
CUISSON : **15 min**

- 500 g de nouilles fraîches aux œufs
- 4 cuill. à soupe d'huile d'arachide
- 20 noix de saint-jacques
- 1 gros oignon détaillé en fines tranches
- 3 gousses d'ail écrasées
- 1 cuill. à soupe de gingembre frais râpé
- 1 cuill. à soupe de pâte de haricots aux piments
- 150 g de chou chinois fleuri (choy sum) détaillé en morceaux de 5 cm de long
- 4 cuill. à soupe de bouillon de poulet
- 2 cuill. à soupe de sauce soja claire
- 2 cuill. à soupe de sauce soja sucrée indonésienne ou de sauce soja additionnée de sucre
- les feuilles de 1 bouquet de coriandre
- 90 g de germes de soja préparés
- 1 gros piment rouge épépiné et émincé
- 1 cuill. à café d'huile de sésame
- 1 cuill. à soupe de vin de riz chinois

Déposez les nouilles dans un saladier résistant à la chaleur, couvrez-les d'eau bouillante et laissez-les tremper pendant 1 minute, de manière à pouvoir les séparer. Égouttez-les, rincez-les, puis égouttez-les de nouveau et réservez.

Dans un wok à feu vif, faites chauffer 2 cuillerées à soupe d'huile d'arachide, puis faites saisir les noix de saint-jacques 20 secondes de chaque côté, en procédant en plusieurs fois. Retirez-les du wok et réservez.

Ajoutez le reste d'huile d'arachide dans le wok, puis faites revenir l'oignon 1 ou 2 minutes, jusqu'à ce qu'il fonde. Ajoutez l'ail et le gingembre, puis laissez cuire la préparation 30 secondes. Incorporez la pâte de haricots aux piments et prolongez la cuisson 1 minute, jusqu'à ce que les parfums se développent. Ajoutez le chou chinois fleuri, les nouilles, le bouillon de poulet, les sauces soja nature et sucrée, puis faites revenir 4 minutes, jusqu'à ce que les nouilles aient absorbé presque tout le liquide. Ajoutez les noix de saint-jacques, la coriandre, les germes de soja, le piment, l'huile de sésame et le vin de riz. Remuez délicatement et servez sans attendre.

POISSON AU CONCOMBRE

POUR **4 personnes**
PRÉPARATION : **20 min**
CUISSON : **20 min**

> 750 g de filets de poisson blanc à chair ferme, sans arêtes
> 1 concombre
> 6 cuill. à soupe de farine
> 6 ½ cuill. à soupe de fécule de maïs
> 1/2 cuill. à café de cinq-épices
> 2 blancs d'œufs légèrement battus
> huile pour la friture
> 1 cuill. à soupe d'huile végétale
> 1 oignon détaillé en quartiers
> 1/2 cuill. à café d'huile de sésame
> 1 cuill. à soupe de sauce soja
> 5 ½ cuill. à soupe de vinaigre de riz
> 1 ½ cuill. à soupe de sucre roux en poudre
> 3 cuill. à café de sauce nuoc-mâm
> sel et poivre du moulin

Détaillez les filets de poisson en dés de 3 cm de côté. Coupez le concombre en deux, épépinez-le, puis émincez-le en diagonale.

Dans un petit saladier, réunissez la farine, 6 cuillerées à soupe de fécule de maïs et le cinq-épices, puis assaisonnez. Plongez les dés de poisson dans les blancs d'œufs battus, puis passez-les dans le mélange à base de farine et éliminez l'excédent.

Emplissez une friteuse au tiers d'huile et faites-la chauffer à 180 °C. Faites frire les morceaux de poisson 6 minutes, jusqu'à ce qu'ils soient dorés, en procédant en plusieurs fois, puis égouttez-les sur du papier absorbant.

Dans un wok à feu vif, faites chauffer l'huile végétale, puis faites revenir l'oignon 1 minute. Ajoutez le concombre et faites revenir 30 secondes.

Délayez 1/2 cuillerée à soupe de fécule de maïs avec 2 cuillerées à soupe d'eau. Versez dans le wok, puis ajoutez l'huile de sésame, la sauce soja, le vinaigre de riz, le sucre en poudre et la sauce nuoc-mâm. Faites chauffer 3 minutes, jusqu'à ce que la sauce bouille et épaississe. Incorporez le poisson frit et remuez délicatement, afin de bien l'enrober de sauce. Servez sans attendre.

TOFU FRIT AU CHOU CHINOIS

POUR **4 personnes**
PRÉPARATION : **15 min**
CUISSON : **10 min**

> 600 g de tofu frais
> 500 g de petits choux chinois (bok choy ou pak-choï)
> 1 cuill. à soupe de gingembre frais haché
> 2 cuill. à soupe de sauce soja
> 2 cuill. à soupe d'huile d'arachide
> 1 oignon rouge émincé
> 4 gousses d'ail écrasées
> 2 cuill. à café d'huile de sésame
> 2 cuill. à soupe de sauce soja sucrée indonésienne ou de sauce soja additionnée de sucre
> 4 cuill. à soupe de sauce aux piments doux
> 1 cuill. à soupe de graines de sésame grillées

Détaillez le tofu en cubes et coupez les choux chinois en deux dans le sens de la longueur.

Déposez les cubes de tofu dans un saladier, ajoutez le gingembre et la sauce de soja, puis laissez reposer pendant 10 minutes. Égouttez et réservez.

Dans un wok à feu vif, faites chauffer la moitié de l'huile d'arachide, puis faites cuire l'oignon 3 minutes, jusqu'à ce qu'il fonde. Ajoutez les cubes de tofu et l'ail, puis faites revenir 3 minutes. Retirez la préparation du wok.

Versez le reste de l'huile d'arachide dans le wok à feu vif, puis faites revenir les morceaux de chou chinois 2 minutes. Incorporez la préparation au tofu et remuez de manière à réchauffer tous les ingrédients. Ajoutez l'huile de sésame, la sauce soja sucrée et la sauce aux piments doux. Parsemez de graines de sésame grillées et servez sans attendre.

MIJOTÉS ET ÉPICÉS

CURRY DE POULET THAÏ AUX LÉGUMES VERTS

POUR **4 personnes**
PRÉPARATION : **15 min**
CUISSON : **30 min**

- 25 cl de crème de coco
- 500 g de cuisses de poulet, sans la peau, désossées et émincées
- 125 g de haricots kilomètres (haricots de 40 cm de long) ou de haricots verts émincés
- 50 cl de lait de coco
- 150 g de brocoli détaillé en fleurettes
- 1 cuill. à soupe de sucre de palme râpé ou de sucre roux
- 2 ou 3 cuill. à soupe de sauce nuoc-mâm
- 8 cuill. à soupe de feuilles de coriandre
- riz cuit à la vapeur

Pour la pâte de curry

- 1 cuill. à soupe de pâte de crevettes
- 3 cuill. à café de graines de coriandre grillées
- 1/2 cuill. à café de graines de cumin grillées
- 1 pincée de grains de poivre blanc
- 1 pincée de sel
- 3 cuill. à soupe de galanga frais haché
- 10 longs piments verts hachés
- 1 tige de citronnelle, partie blanche uniquement, hachée
- 6 échalotes roses
- 3 gousses d'ail
- 1 cuill. à café de zeste de citron vert râpé
- 2 cuill. à soupe d'huile d'arachide

Préparez la pâte de curry. Préchauffez le gril du four à une température élevée. Enveloppez la pâte de crevettes dans une feuille d'aluminium et glissez-la sous le gril 5 minutes. Laissez refroidir, ouvrez la feuille d'aluminium et déposez la pâte de crevettes dans le bol d'un robot.

Dans un mortier, pilez les graines de coriandre, le cumin et les grains de poivre blanc, jusqu'à obtention d'une poudre fine. Versez la poudre dans le bol du robot, puis ajoutez le sel et le reste des ingrédients. Mixez jusqu'à obtention d'une préparation homogène.

Dans un wok à feu vif, versez la crème de coco, portez à ébullition, puis laissez frémir 10 minutes, jusqu'à ce qu'elle commence à se dissocier. Réduisez le feu, incorporez la moitié de la pâte de curry et faites cuire la préparation 2 ou 3 minutes, jusqu'à ce que les parfums se développent. Ajoutez les lamelles de poulet, faites-les cuire 3 ou 4 minutes, puis les haricots kilomètres, le lait de coco et le brocoli. Portez à ébullition, puis réduisez le feu et laissez mijoter 4 ou 5 minutes. Incorporez le sucre de palme, la sauce nuoc-mâm et 5 cuillerées à soupe de feuilles de coriandre. Parsemez la préparation des feuilles de coriandre restantes et servez, accompagné de riz vapeur.

NOTE : la pâte de curry restante se conservera jusqu'à 2 semaines au réfrigérateur, dans un récipient hermétique.

MIJOTÉ DE BŒUF À LA SAUCE HOISIN

POUR **6 personnes**
PRÉPARATION : **15 min**
CUISSON : **1 h 45**

- 1 ½ cuill. à soupe d'huile d'arachide
- 1 kg de bœuf (paleron) détaillé en dés de 3 cm de côté
- 1 cuill. à soupe de gingembre frais haché
- 1 cuill. à soupe d'ail finement haché
- 1 l de bouillon de bœuf
- 5 ½ cuill. à soupe de vin de riz chinois
- 5 ½ cuill. à soupe de sauce hoisin
- 1 morceau d'écorce de cannelier-casse ou 1 bâton de cannelle de 5 cm de long
- 1 zeste de mandarine séché
- 2 anis étoilés
- 1 cuill. à café de grains de poivre du Sichuan légèrement écrasés
- 2 cuill. à café de sucre roux en poudre
- 300 g de daïkon détaillé en dés de 3 cm de côté
- 4 oignons nouveaux détaillés en morceaux de 3 cm de long
- 50 g de pousses de bambou en conserve, émincées
- 1 filet d'huile de sésame
- riz cuit à la vapeur

Dans un wok à feu vif, faites chauffer l'huile, puis faites dorer les dés de viande uniformément 1 ou 2 minutes et réservez.

Ajoutez le gingembre et l'ail dans le wok, puis faites-les revenir brièvement. Incorporez le bouillon de bœuf, le vin de riz, la sauce hoisin, l'écorce de cannelier-casse, le zeste de mandarine, les anis étoilés, le poivre du Sichuan, le sucre, le daïkon et 85 cl d'eau. Remettez les dés de viande dans le wok, puis portez à ébullition, en écumant régulièrement. Réduisez le feu et laissez mijoter pendant 1 heure 30, en remuant de temps à autre, jusqu'à ce que la viande soit cuite et que la sauce épaississe légèrement. Environ 5 minutes avant la fin de la cuisson, ajoutez trois quarts des oignons nouveaux et les pousses de bambou. Arrosez la préparation d'huile de sésame et décorez de l'oignon nouveau restant. Servez accompagné de riz vapeur.

NOTE : retirez éventuellement l'anis étoilé, l'écorce de cannelier-casse et le zeste de mandarine avant de servir.

AGNEAU KORMA

POUR **4 à 6 personnes**
PRÉPARATION : **20 min**
REPOS : **1 h**
CUISSON : **1 h**

- 2 kg d'agneau désossé
- 1 oignon haché + 1 autre émincé
- 2 cuill. à café de gingembre frais râpé
- 3 gousses d'ail
- 1 cuill. à soupe de graines de coriandre
- 2 cuill. à café de cumin en poudre
- 1 cuill. à café de gousses de cardamome
- 1 généreuse pincée de piment de Cayenne
- 1/2 cuill. à café de sel
- 2 cuill. à soupe de beurre clarifié ou d'huile végétale (voir NOTES)
- 2 cuill. à soupe de concentré de tomate
- 125 g de yaourt au lait entier
- quelques oignons nouveaux émincés
- riz cuit à la vapeur

Retirez la graisse, la peau et les nerfs du morceau d'agneau, puis détaillez la viande en dés de 3 cm de côté et déposez-les dans un grand saladier.

Dans le bol d'un robot, réunissez l'oignon haché, le gingembre, l'ail, les graines de coriandre, le cumin, les gousses de cardamome, le piment de Cayenne et le sel, puis mixez, jusqu'à obtention d'une pâte homogène. Versez la pâte épicée dans le saladier contenant les dés d'agneau et mélangez de manière à bien enrober la viande, puis réservez pendant 1 heure.

Dans une poêle, faites chauffer le beurre clarifié, puis faites revenir l'oignon nouveau émincé à feu moyen, tout en remuant, jusqu'à ce qu'il devienne translucide. Ajoutez l'agneau épicé et faites-le cuire de 8 à 10 minutes, en continuant de remuer, jusqu'à ce que la viande soit uniformément dorée. Incorporez le concentré de tomate et 2 cuillerées à soupe de yaourt, puis mélangez bien et laissez mijoter, à découvert, jusqu'à ce que le liquide ait réduit. Ajoutez progressivement le yaourt restant, 2 cuillerées à soupe à la fois, en remuant et en attendant chaque fois que le liquide ait réduit. Couvrez la poêle et laissez mijoter pendant 30 minutes à feu doux, en remuant régulièrement – ajoutez un peu d'eau si la sauce réduit trop. Parsemez la préparation d'oignons nouveaux et servez accompagné de riz vapeur.

NOTES :

• Les *korma* sont des currys indiens à base épicée mais adoucie par du lait, du yaourt, de la crème ou encore du lait de coco.

• Le beurre clarifié peut être chauffé à une température plus élevée que les autres beurres, car on en a retiré l'eau et les résidus issus du lait en le chauffant à feu très doux. La cuisine indienne emploie couramment une graisse clarifiée (*ghee*) pour la cuisson des condiments et des épices, qui permet de révéler toutes leurs saveurs.

MOULES AUX HARICOTS NOIRS ET À LA CORIANDRE

POUR **4 personnes**
PRÉPARATION : **20 min**
CUISSON : **10 min**

- 1,5 kg de moules
- 1 cuill. à soupe d'huile d'arachide
- 2 cuill. à soupe de haricots noirs en conserve, rincés et écrasés
- 2 gousses d'ail finement hachées
- 1 cuill. à café de gingembre frais haché
- 2 longs piments rouges épépinés et finement hachés
- 2 cuill. à café de feuilles de coriandre finement hachées
- 1 cuill. à soupe de graines de coriandre en poudre
- 4 cuill. à soupe de vin de riz chinois
- 2 cuill. à soupe de jus de citron vert
- 2 cuill. à café de sucre en poudre
- riz cuit à la vapeur

Grattez les moules à l'aide d'une brosse métallique, retirez les barbes. Jetez celles dont la coquille est brisée ou demeure ouverte lorsque vous la tapotez. Rincez les moules à l'eau fraîche, puis réservez.

Dans un wok à feu vif, faites chauffer l'huile, ajoutez les haricots noirs, l'ail, le gingembre, les piments, la moitié des feuilles de coriandre et les graines de coriandre. Laissez cuire la préparation 2 ou 3 minutes à feu doux, jusqu'à ce que les parfums se développent. Versez le vin de riz, augmentez le feu, puis ajoutez la moitié des moules, en les étalant au fond du wok. Couvrez hermétiquement et laissez-les cuire 2 ou 3 minutes, jusqu'à ce qu'elles s'ouvrent – jetez les moules non ouvertes. Répétez l'opération avec le reste des moules.

Transvasez les moules dans un plat de service, en laissant le liquide de cuisson dans le wok. Ajoutez-y le jus de citron vert, le sucre en poudre et les feuilles de coriandre restantes, puis laissez cuire 30 secondes. Nappez les moules de sauce et servez sans attendre, accompagné de riz vapeur.

POULET DU SICHUAN

POUR **4 personnes**
PRÉPARATION : **10 min**
CUISSON : **25 min**

- 750 g de cuisses de poulet, sans la peau, désossées
- 1 pincée de cinq-épices
- 2 cuill. à soupe d'huile d'arachide
- 1 cuill. à soupe de gingembre frais émincé
- 1 cuill. à café de pâte de haricots aux piments
- 1 cuill. à café de grains de poivre du Sichuan écrasés
- 2 cuill. à soupe de sauce soja claire
- 1 cuill. à soupe de vin de riz chinois
- 600 g de chou chinois (pak-choï), feuilles séparées

Coupez les cuisses de poulet en deux, puis enrobez-les de cinq-épices. Dans un wok à feu vif, faites chauffer la moitié de l'huile, puis faites dorer les morceaux de poulet épicés 2 minutes de chaque côté. Retirez-les du wok et réservez.

Réduisez le feu, ajoutez le gingembre et laissez-le revenir 30 secondes. Incorporez la pâte de haricots aux piments et les grains de poivre du Sichuan. Ajoutez le poulet, la sauce soja, le vin de riz et 12,5 cl d'eau. Laissez mijoter de 15 à 20 minutes, jusqu'à ce que la viande soit cuite.

Pendant ce temps, faites chauffer le reste d'huile dans une poêle, ajoutez le chou chinois et remuez délicatement pendant 20 minutes, jusqu'à ce que les feuilles soient fondantes et les tiges tendres. Servez avec le poulet, accompagné de riz vapeur.

CURRY DE BŒUF THAÏ

POUR **4 personnes**
PRÉPARATION : **30 min**
CUISSON : **2 h**

> 1 cuill. à soupe de pulpe de tamarin
> 12,5 cl d'eau bouillante
> 2 cuill. à soupe d'huile végétale
> 750 g de bœuf à braiser (gîte ou paleron) détaillé en dés
> 50 cl de lait de coco
> 4 gousses de cardamome broyées
> 50 cl de crème de coco
> 2 cuill. à soupe de pâte de curry massaman
> 2 cuill. à soupe de sauce nuoc-mâm
> 8 petits oignons blancs au vinaigre
> 8 petites pommes de terre
> 2 cuill. à soupe de sucre de palme râpé ou de sucre roux
> 80 g de cacahuètes non salées, grillées, puis moulues

Déposez la pulpe de tamarin dans un saladier, couvrez-la d'eau bouillante, puis laissez l'eau refroidir. Écrasez la pulpe du bout des doigts, de manière à la délayer, puis filtrez l'eau de trempage et jetez les particules solides.

Dans un wok à feu vif, faites chauffer l'huile végétale, puis faites dorer les dés de bœuf 5 minutes, en procédant en plusieurs fois. Réduisez le feu, incorporez le lait de coco et les gousses de cardamome, puis laissez mijoter pendant 1 heure, jusqu'à ce que la viande soit tendre. Retirez-la du wok, filtrez le liquide de cuisson au-dessus d'un saladier et réservez.

Nettoyez le wok, faites-y chauffer la crème de coco, puis incorporez la pâte de curry et laissez cuire 10 minutes, jusqu'à ce que la crème commence à se dissocier. Ajoutez la sauce nuoc-mâm, les petits oignons, les pommes de terre, les dés de bœuf, le sucre de palme, les cacahuètes, l'eau de trempage du tamarin et le liquide de cuisson de la viande. Laissez mijoter pendant environ 30 minutes, jusqu'à ce que la sauce épaississe.

NOTE : les oignons blancs au vinaigre et les pommes de terre doivent être de taille réduite et similaire, afin d'avoir un même temps de cuisson.

POULET À LA CRÈME ET AUX ÉPICES

POUR **4 à 6 personnes**
PRÉPARATION : **10 min**
CUISSON : **35 min**

- 2 cuill. à soupe d'huile d'arachide
- 1 kg de cuisses de poulet, sans la peau, désossées et coupées en quatre
- 60 g de beurre clarifié ou d'huile végétale
- 2 cuill. à café de garam masala
- 2 cuill. à café de paprika doux
- 2 cuill. à café de graines de coriandre en poudre
- 1 cuill. à soupe de gingembre frais haché
- 1 pincée de piment de Cayenne
- 1 bâton de cannelle
- 6 gousses de cardamome broyées
- 350 g de purée de tomate
- 1 cuill. à soupe de sucre en poudre
- 60 g de yaourt au lait entier
- 12,5 cl de crème fouettée
- 1 cuill. à soupe de jus de citron
- pappadam (voir NOTE)

Dans un wok à feu vif, faites chauffer 1 cuillerée à soupe d'huile, puis faites dorer la moitié du poulet 4 minutes. Retirez la viande du wok, ajoutez un peu d'huile, si nécessaire, et répétez l'opération avec le poulet restant. Ôtez-le du wok et réservez.

Réduisez le feu sous le wok, faites fondre le beurre clarifié, ajoutez le garam masala, le paprika, la coriandre, le gingembre, le piment, le bâton de cannelle et les gousses de cardamome, puis faites-les revenir 1 minute, jusqu'à ce que les parfums se développent. Ajoutez le poulet et mélangez, de manière à bien enrober la viande d'épices. Versez la purée de tomate et le sucre en poudre, puis laissez mijoter pendant 15 minutes, tout en remuant, jusqu'à ce que la sauce épaississe et que la viande soit tendre. Incorporez le yaourt, la crème fouettée et le jus de citron. Faites mijoter 5 minutes, jusqu'à ce que la sauce épaississe, puis servez accompagné de *pappadam*.

NOTE : les *pappadam* (ou poppodums) sont des galettes indiennes fabriquées à base de farine de lentilles ou de pois chiches. Précuites, elles doivent être plongées dans un bain de friture ou passées sous le gril du four avant d'être dégustées, pour offrir une texture croustillante.

CURRY DE FRUITS DE MER BALINAIS

POUR **6 personnes**
PRÉPARATION : **20 min**
MARINADE : **20 min**
CUISSON : **20 min**

- 400 g de crevettes crues
- 1 cuill. à soupe de jus de citron vert
- 250 g d'espadon détaillé en dés de 3 cm de côté
- 4 cuill. à soupe d'huile végétale
- 2 oignons rouges hachés
- 2 petits piments rouges épépinés et émincés
- 250 g de calmars détaillés en anneaux de 1 cm d'épaisseur
- 12,5 cl de fumet de poisson
- quelques feuilles de basilic thaï grossièrement coupées
- sel et poivre du moulin

Pour la pâte de curry

- 2 tomates
- 5 petits piments rouges épépinés et hachés
- 5 gousses d'ail hachées
- 2 tiges de citronnelle, partie blanche uniquement, émincées
- 1 cuill. à soupe de graines de coriandre grillées à sec, puis moulues
- 1 cuill. à café de crevettes en poudre ou de crevettes séchées, grillées à sec, puis moulues (voir NOTE)
- 1 cuill. à soupe d'amandes en poudre
- 1 pincée de noix de muscade
- 1 cuill. à café de curcuma en poudre
- 3 cuill. à soupe de pulpe de tamarin

Préparez la pâte de curry. Entaillez en croix la base de chaque tomate, déposez-les dans un saladier résistant à la chaleur, couvrez-les d'eau bouillante et laissez-les reposer pendant 30 secondes, puis transvasez-les dans un saladier empli d'eau froide. Égouttez-les et pelez-les, en partant de l'entaille, puis coupez-les en deux, épépinez-les à l'aide d'une cuillère et hachez la chair. Déposez-la dans le bol d'un robot, puis ajoutez tous les autres ingrédients de la pâte et mixez jusqu'à obtention d'une consistance épaisse.

Détachez la tête des crevettes et décortiquez-les, puis incisez légèrement le dos et retirez la veine noire.

Versez le jus de citron vert dans un saladier, assaisonnez, puis ajoutez les dés d'espadon et remuez de manière à bien les enrober de marinade. Réservez pendant 20 minutes.

Dans un wok à revêtement antiadhésif, faites chauffer l'huile à feu vif, ajoutez les oignons, les piments et la pâte de curry, puis laissez cuire 10 minutes à feu doux, en remuant régulièrement, jusqu'à ce que les parfums se développent. Ajoutez les dés de poisson marinés et les crevettes, puis remuez afin de bien les enrober de sauce et faites cuire 3 minutes, jusqu'à ce que les crevettes rosissent. Ajoutez les calmars et prolongez la cuisson 1 minute. Versez le fumet de poisson, portez à ébullition, puis réduisez le feu et laissez mijoter 2 minutes, jusqu'à ce que le poisson et les fruits de mer soient cuits et tendres. Assaisonnez, parsemez la préparation de basilic thaï et servez sans attendre.

NOTE : si vous ne réussissez pas à trouver des crevettes en poudre, pilez des crevettes séchées dans un mortier ou réduisez-les en poudre au mixeur.

CURRY DE MADRAS

POUR **4 personnes**
PRÉPARATION : **20 min**
CUISSON : **1 h 30**

- 1 kg de bœuf (culotte ou paleron)
- 1 cuill. à soupe de beurre clarifié ou d'huile végétale
- 1 oignon haché
- 60 g de concentré de tomate
- 25 cl de bouillon de bœuf
- riz cuit à la vapeur

Pour la pâte de curry

- 1 cuill. à soupe de graines de coriandre en poudre
- 1 ½ cuill. à café de cumin en poudre
- 1 cuill. à café de graines de moutarde brune
- 1/2 cuill. à café de grains de poivre noir broyés
- 1 cuill. à café de piment de Cayenne
- 1 cuill. à café de curcuma en poudre
- 2 cuill. à café d'ail écrasé
- 2 cuill. à café de gingembre frais râpé
- 1 cuill. à café de sel
- 2 ou 3 cuill. à soupe de vinaigre blanc chinois (vinaigre de riz)

Retirez la graisse et les nerfs du morceau de bœuf, puis détaillez-le en dés de 2,5 cm de côté.

Préparez la pâte de curry. Dans un petit saladier, mélangez la coriandre, le cumin, les graines de moutarde, les grains de poivre, le piment, le curcuma, l'ail, le gingembre et le sel. Versez le vinaigre et mélangez jusqu'à obtention d'une pâte homogène, puis réservez.

Dans une grande sauteuse à feu moyen, faites chauffer le beurre clarifié, puis faites cuire l'oignon, jusqu'à ce qu'il fonde. Incorporez la pâte de curry et remuez pendant 1 minute. Ajoutez les dés de viande et faites-les cuire, tout en remuant, de manière à bien les enrober de pâte épicée. Versez le concentré de tomate et le bouillon de bœuf, puis laissez mijoter pendant environ 1 heure 30, à couvert, jusqu'à ce que la viande soit tendre. Servez accompagné de riz vapeur.

CURRY DE POULET À LA VIETNAMIENNE

POUR **6 personnes**
PRÉPARATION : **30 min**
RÉFRIGÉRATION : **12 h**
CUISSON : **1h10**

- 4 grosses cuisses de poulet (haut de cuisse et pilon), sans la peau, dégraissées et coupées en trois
- 1 cuill. à soupe de curry en poudre
- 1 cuill. à café de sucre en poudre extra-fin
- 1/2 cuill. à café de poivre noir moulu
- 2 cuill. à café de sel
- 125 g de vermicelles de riz
- 15 cl d'huile pour la friture
- 5 ½ cuill. à soupe d'huile végétale
- 500 g de patates douces pelées et détaillées en dés de 3 cm de côté
- 1 gros oignon détaillé en tranches fines
- 4 gousses d'ail hachées
- 1 tige de citronnelle, partie blanche uniquement, finement hachée
- 2 feuilles de laurier
- 1 grosse carotte coupée en rondelles de 1 cm d'épaisseur, en diagonale
- 40 cl de lait de coco

La veille, séchez les morceaux de poulet en les tamponnant avec du papier absorbant. Dans un saladier, mélangez le curry, le sucre en poudre, le poivre noir et le sel, puis enrobez le poulet de cette préparation épicée et déposez-le sur une assiette. Couvrez de film alimentaire et réservez au réfrigérateur pendant 1 nuit.

Le jour même, brisez les vermicelles de riz en petits morceaux. Dans un wok à feu moyen, faites chauffer la moitié de l'huile de friture, puis faites frire les vermicelles de riz, en procédant en plusieurs fois, et en ajoutant un peu d'huile, si nécessaire. Égouttez-les sur du papier absorbant et réservez.

Dans un wok à feu vif, faites chauffer l'huile végétale, puis faites légèrement dorer les patates douces 3 minutes à feu moyen. Retirez-les du wok à l'aide d'une écumoire et réservez.

Conservez 2 cuillerées à soupe d'huile de cuisson dans le wok et jetez le reste. Faites cuire l'oignon 5 minutes, en remuant, puis ajoutez l'ail, la tige de citronnelle et les feuilles de laurier. Laissez cuire 2 minutes, puis ajoutez le poulet et faites-le cuire 5 minutes à feu moyen, en continuant de remuer, jusqu'à ce que la préparation commence à changer de couleur.

Versez 25 cl d'eau et faites mijoter pendant 20 minutes à feu doux, à couvert, en remuant régulièrement. Ajoutez la carotte, les patates douces et le lait de coco, puis laissez mijoter pendant 30 minutes, à découvert, en remuant de temps à autre, jusqu'à ce que le poulet soit cuit – veillez bien à ne pas écraser les dés de patate douce en mélangeant. Servez accompagné des vermicelles de riz croustillants.

CREVETTES AU CURRY VERT

POUR **6 personnes**
PRÉPARATION : **20 min**
CUISSON : **10 min**

> 600 g de crevettes crues
> 1 cuill. à soupe d'huile d'arachide
> 1 gousse d'ail écrasée
> 60 g de pâte de curry verte (voir NOTE)
> 1 cuill. à soupe de sauce nuoc-mâm
> 30 g de noix de macadamia en poudre
> 30 cl de fumet de poisson
> 1 cuill. à soupe de whisky
> 3 feuilles de kaffir ou de citron vert froissées
> 1 petite carotte coupée en quatre dans le sens de la longueur puis émincée, en diagonale
> 150 g de haricots kilomètres (haricots de 40 cm de long) ou de haricots verts détaillés en morceaux de 2 cm de long
> 50 g de pousses de bambou en conserve, émincées
> quelques feuilles de basilic thaï

Détachez la tête des crevettes et décortiquez-les, puis incisez légèrement le dos et retirez la veine noire.

Dans un wok à feu moyen, faites chauffer l'huile, ajoutez l'ail et la pâte de curry verte, puis faites-les cuire 5 minutes, en remuant. Ajoutez la sauce nuoc-mâm, les noix de macadamia en poudre, le fumet de poisson, le whisky, les feuilles de kaffir, les crevettes, la carotte, les haricots kilomètres et les pousses de bambou. Portez à ébullition, puis réduisez le feu et laissez mijoter 5 minutes, jusqu'à ce que la préparation soit cuite.

Parsemez de basilic thaï et servez.

NOTE : la pâte de curry verte, vendue prête à l'emploi, est un classique de la cuisine thaïlandaise.

BŒUF PANANG

POUR **4 à 6 personnes**
PRÉPARATION : **30 min**
CUISSON : **1 h**

- 40 cl de crème de coco en conserve, non secouée
- 1 kg de bœuf (gîte à la noix ou paleron) détaillé en tranches de 1 cm d'épaisseur
- 40 cl de lait de coco en conserve
- 90 g de beurre de cacahuètes croustillant
- 4 feuilles de kaffir ou de citron vert
- 4 cuill. à soupe de jus de citron vert
- 2 ½ cuill. à soupe de sauce nuoc-mâm
- 3 ou 4 cuill. à soupe de sucre de palme râpé ou de sucre roux
- quelques feuilles de basilic thaï
- 1 poignée de cacahuètes hachées, puis grillées
- riz cuit à la vapeur

Pour la pâte de curry

- 8 à 10 gros piments rouges séchés
- 6 échalotes roses hachées
- 6 gousses d'ail hachées
- 3 cuill. à café de graines de coriandre en poudre
- 1 cuill. à soupe de cumin en poudre
- 1 cuill. à café de poivre blanc moulu
- 2 tiges de citronnelle, partie blanche uniquement, écrasées et émincées
- 1 cuill. à soupe de galanga frais haché
- 2 cuill. à café de pâte de crevettes
- 2 cuill. à soupe de cacahuètes grillées

Préparez la pâte de curry. Placez les piments dans un saladier résistant à la chaleur, couvrez-les d'eau bouillante et laissez-les tremper pendant 20 minutes, pour les ramollir. Égouttez-les et séchez-les. Épépinez-les, hachez-les grossièrement, puis déposez-les dans le bol d'un robot. Ajoutez les échalotes, l'ail, la coriandre en poudre, le cumin, le poivre blanc, les tiges de citronnelle, le galanga, la pâte de crevettes et les cacahuètes grillées. Mixez jusqu'à obtention d'une pâte – ajoutez un peu d'eau si elle vous semble trop épaisse –, puis réservez.

Ouvrez la boîte de crème de coco, prélevez la substance épaisse à l'aide d'une cuillère, puis versez-la dans un wok et faites-la chauffer 10 minutes à feu moyen, jusqu'à ce qu'elle commence à se dissocier. Incorporez 8 cuillerées à soupe de pâte de curry et prolongez la cuisson de 5 à 8 minutes, en remuant régulièrement, jusqu'à ce que les parfums se développent. Ajoutez la viande, le lait de coco, le beurre de cacahuètes, les feuilles de kaffir et la crème de coco restante. Faites cuire pendant 30 minutes, jusqu'à ce que la viande commence à changer de couleur, puis réduisez le feu et laissez mijoter pendant 30 minutes, en remuant régulièrement, afin d'éviter que la préparation n'attache. Versez le jus de citron vert, la sauce nuoc-mâm et le sucre de palme. Parsemez de basilic thaï et de cacahuètes grillées, puis servez accompagné de riz vapeur.

NOTE : le curry panang et le curry massaman sont deux spécialités thaïlandaises, comparables aux currys indiens. Très épicés, ces currys trouvent leur origine dans le sud de la Thaïlande, à majorité musulmane. Les épices séchées, qui leur sont communes, sont plus adaptées aux viandes rouges et à l'agneau qu'à la volaille ou aux légumes.

AGNEAU BALTI

POUR **4 personnes**
PRÉPARATION : **15 min**
CUISSON : **1 h 25**

- 1 kg de gigot ou d'épaule d'agneau détaillé en dés de 3 cm de côté
- 5 cuill. à soupe de pâte de curry balti prête à l'emploi (voir NOTE)
- 1 l d'eau bouillante
- 2 cuill. à soupe de beurre clarifié ou d'huile végétale
- 1 gros oignon finement haché
- 3 gousses d'ail écrasées
- 1 cuill. à soupe de garam masala
- 2 cuill. à soupe de feuilles de coriandre hachées + quelques feuilles
- pappadam
- sel et poivre du moulin

Dans un wok à feu vif, mélangez les dés d'agneau, 1 cuillerée à soupe de pâte de curry et l'eau bouillante. Portez à ébullition, puis réduisez le feu et laissez mijoter de 40 à 50 minutes, à couvert, jusqu'à ce que la viande soit presque cuite. Égouttez la viande, en réservant la sauce.

Nettoyez le wok, faites-y chauffer le beurre clarifié à feu moyen, puis faites fondre l'oignon de 5 à 7 minutes. Ajoutez l'ail et le garam masala, puis laissez-les revenir 2 ou 3 minutes. Augmentez le feu, incorporez le reste de pâte de curry et ajoutez les dés de viande. Faites cuire 5 minutes, jusqu'à ce que la viande dore. Versez progressivement la sauce réservée et laissez mijoter pendant 15 minutes à feu doux, en remuant régulièrement.

Ajoutez la coriandre et 25 cl d'eau, puis faites mijoter le tout pendant 15 minutes, jusqu'à ce que la sauce épaississe légèrement.

Assaisonnez selon votre goût, parsemez la préparation de feuilles de coriandre et servez accompagné de pappadam.

NOTE : la pâte de curry balti est préparée avec des tomates, de la coriandre et une faible quantité de piments.

NASI LEMAK

POUR **4 personnes**
PRÉPARATION : **40 min**
CUISSON : **2 h 40**

Pour le bœuf rendang

> 2 oignons grossièrement hachés
> 2 gousses d'ail écrasées
> 40 cl de lait de coco en conserve
> 2 cuill. à café de graines de coriandre en poudre
> 1/2 cuill. à café de fenouil en poudre
> 2 cuill. à café de cumin en poudre
> 1 pincée de clous de girofle moulus
> 1,5 kg de bœuf (paleron) détaillé en dés
> 4 à 6 petits piments rouges hachés
> 1 cuill. à soupe de jus de citron
> 1 tige de citronnelle, partie blanche uniquement, écrasée et fendue en deux
> 2 cuill. à café de sucre de palme râpé ou de sucre roux

Pour le riz à la noix de coco

> 300 g de riz long grain
> 2 échalotes roses
> 2 copeaux de gingembre
> 1 pincée de graines de fenugrec
> 2 feuilles de pandanus nouées (voir NOTES)
> 1 cuill. à café de sel
> 40 cl de lait de coco

Pour le sambal

> 4 cuill. à soupe d'huile végétale
> 5 échalotes roses émincées
> 2 gousses d'ail écrasées
> 1 tige de citronnelle, partie blanche uniquement, émincée
> 1/2 cuill. à café de pâte de crevettes
> 2 cuill. à soupe de pâte de piments
> 100 g d'anchois séchés mis à tremper, puis rincés (voir NOTES)
> 1 cuill. à café de sucre en poudre
> 2 cuill. à soupe de jus de citron vert

Préparez le bœuf rendang. Déposez les oignons, l'ail et 1 cuillerée à soupe d'eau dans le bol d'un robot et mixez jusqu'à obtention d'une pâte homogène, puis réservez.

Versez le lait de coco dans un wok, portez à ébullition, puis réduisez le feu et laissez mijoter pendant 15 minutes, en remuant régulièrement, jusqu'à ce que le lait ait réduit de moitié et commence à se dissocier – veillez à ne pas le laisser brûler. Ajoutez les graines de coriandre, le fenouil, le cumin et les clous de girofle, puis remuez pendant 1 minute. Ajoutez les dés de viande et faites-les dorer 2 minutes. Incorporez les piments, le jus de citron, la citronnelle, le sucre de palme et le mélange d'ail et d'oignon. Laissez cuire pendant environ 2 heures à feu moyen, à couvert, jusqu'à ce que la sauce réduise et épaississe. Remuez régulièrement afin d'éviter qu'elle ne brûle – le curry est prêt lorsqu'il prend une couleur brune et commence à s'assécher.

Pendant ce temps, préparez le riz à la noix de coco. Déposez le riz, les échalotes, le gingembre, le fenugrec, les feuilles de palmier et le sel dans une casserole. Couvrez le tout de lait de coco, jusqu'à 2 cm au-dessus du niveau du riz, puis laissez cuire à couvert, jusqu'à ce que le liquide se soit complètement évaporé. Retirez les feuilles de palmier, puis ajoutez le lait de coco restant et égrainez le riz. Laissez reposer la préparation pendant 15 minutes, jusqu'à ce que le lait de coco ait été entièrement absorbé.

Préparez le *sambal*. Dans un wok, faites chauffer l'huile, ajoutez les échalotes, l'ail, la citronnelle, la pâte de crevettes et la pâte aux piments, puis faites revenir l'ensemble, jusqu'à ce que les parfums se développent. Ajoutez les anchois séchés et faites-les revenir quelques minutes, puis incorporez le sucre en poudre et le jus de citron vert. Servez le bœuf rendang accompagné du riz à la noix de coco et du *sambal*.

NOTES :

• En Malaisie, le *nasi lemak* est traditionnellement servi au petit-déjeuner.
• Longues, lisses et pointues, les feuilles de pandanus apportent leur saveur délicate à nombre de recettes asiatiques. Une simple feuille fendue, nouée ou pressée suffit à parfumer et à colorer plats et desserts ; pliée, elle fait une très bonne papillote.
• Vous trouverez les anchois séchés sous le nom de *ikan bilis*.

JAMBON BRAISÉ À LA MODE VIETNAMIENNE

POUR **4 à 6 personnes**
PRÉPARATION : **30 min**
CUISSON : **1 h 45**

- 1 ½ cuill. à soupe d'huile végétale
- 1 kg de jambon de porc entier, avec la couenne
- 1 cuill. à café de pâte de crevettes
- 5 gousses d'ail écrasées
- 3 échalotes roses finement hachées
- 3 cuill. à café de galanga en poudre
- 1 cuill. à café de curcuma en poudre
- 2 cuill. à café de sucre en poudre
- 2 cuill. à soupe de sauce nuoc-mâm
- 50 cl de bouillon de bœuf dilué dans 20 cl d'eau
- 2 cuill. à soupe de vinaigre noir chinois (vinaigre de riz)
- 1 cuill. à café de fécule de maïs
- 3 oignons nouveaux émincés
- sel et poivre du moulin

Dans un wok à feu vif, faites chauffer 2 cuillerées à café d'huile, puis faites dorer le jambon 2 minutes, côté peau en dessous. Retournez-le et laissez-le revenir 2 minutes, de manière à le dorer uniformément. Retirez-le du wok et laissez-le refroidir, avant de le découper en dés de 3 cm de côté.

Préchauffez le gril du four à une température élevée. Enveloppez la pâte de crevettes dans une feuille d'aluminium et glissez-la sous le gril 5 minutes. Laissez refroidir, ouvrez l'aluminium et déposez la pâte de crevettes dans un grand saladier. Ajoutez l'ail, les échalotes, le galanga, le curcuma, le sucre en poudre et la sauce nuoc-mâm, puis mélangez le tout. Incorporez les dés de jambon et remuez de manière à bien enrober la viande. Couvrez et réservez au réfrigérateur pendant 1 ou 2 heures.

Dans le wok à feu vif, faites chauffer le reste de l'huile, puis faites dorer les dés de jambon marinés 1 ou 2 minutes, en procédant en plusieurs fois. Versez le bouillon de bœuf et le vinaigre, couvrez, baissez le feu et laissez mijoter pendant 1 heure 30. Écumez régulièrement afin de retirer la graisse en surface.

Dans un bol, délayez la fécule de maïs avec 1 cuillerée à café d'eau. Retirez la viande du wok à l'aide d'une écumoire et réservez-la. Augmentez le feu sous le wok et faites chauffer le bouillon, jusqu'à ce qu'il frémisse légèrement. Écumez, puis ajoutez la fécule délayée. Laissez mijoter 2 minutes, jusqu'à ce que la sauce épaississe. Remettez la viande dans le wok et ajoutez les oignons nouveaux, puis assaisonnez et servez.

CURRY DE BOULETTES DE POISSON

POUR **6 personnes**
PRÉPARATION : **20 min**
CUISSON : **20 min**

- 1 cuill. à soupe d'huile végétale
- 1 cuill. à soupe de sauce nuoc-mâm
- 50 cl de lait de coco
- 24 boulettes de poisson surgelées, décongelées, ou fraîches (voir NOTE)
- 2 cuill. à café de jus de citron vert
- 3 cuill. à soupe de feuilles de coriandre hachées + quelques feuilles entières
- riz cuit à la vapeur

Pour la pâte de curry

- 1 gros oignon haché
- 1 cuill. à café de pâte de piments indonésienne
- 1 cuill. à soupe de gingembre frais haché
- 1 tige de citronnelle, partie blanche uniquement, finement hachée
- 3 cuill. à soupe de feuilles de coriandre hachées
- 1/2 cuill. à café de cardamome en poudre
- 1 cuill. à soupe de concentré de tomate

Préparez la pâte de curry. Déposez l'oignon, la pâte de piments, le gingembre, la citronnelle, la coriandre, la cardamome et le concentré de tomate dans le bol d'un robot, puis mixez jusqu'à obtention d'une préparation homogène.

Dans un wok à feu moyen, faites chauffer l'huile, puis faites cuire la pâte de curry 4 minutes, en remuant, jusqu'à ce que les parfums se développent. Incorporez la sauce nuoc-mâm, le lait de coco et 25 cl d'eau. Portez à ébullition et laissez bouillonner 5 minutes, puis réduisez le feu et prolongez la cuisson 5 minutes, jusqu'à ce que la sauce réduise et épaississe.

Ajoutez les boulettes de poisson et le jus de citron vert, puis faites cuire 2 minutes – évitez de trop faire cuire le poisson qui deviendrait coriace et caoutchouteux. Incorporez les feuilles de coriandre hachées, puis parsemez de feuilles de coriandre entières et servez sans attendre, accompagné de riz vapeur.

NOTE : composées majoritairement de poisson, ainsi que de fécule de pomme de terre, d'ail ou de sauce de poisson, d'exhausteur de goût et de sel, les boulettes de poisson sont conditionnées, fraîches ou frites, sous vide. Idéales pour cuisiner un plat vite fait, elles cuisent aussi bien dans un bouillon ou dans une soupe que frites dans un peu d'huile.

DHAL

POUR **4 à 6 personnes**
PRÉPARATION : **15 min**
CUISSON : **1 h**

> 250 g de lentilles rouges
> 1 morceau de gingembre frais de 4 cm de long coupé en trois
> 1/2 cuill. à café de curcuma en poudre
> 1/2 cuill. à café de sel
> 3 cuill. à soupe de beurre clarifié ou d'huile végétale
> 2 gousses d'ail écrasées
> 1 oignon finement haché
> 1 cuill. à café de graines de cumin
> 1 cuill. à café de graines de coriandre en poudre
> 1 pincée de piment de Cayenne
> 1 cuill. à soupe de feuilles de coriandre hachées

Placez les lentilles dans une casserole, couvrez-les de 1 l d'eau, puis portez à ébullition à feu moyen. Réduisez le feu, ajoutez le gingembre et le curcuma, puis laissez mijoter pendant 1 heure, à couvert, jusqu'à ce que les lentilles soient tendres. Remuez toutes les 5 minutes durant la dernière demi-heure de cuisson, afin d'éviter qu'elles n'accrochent. Retirez le gingembre et salez.

Pendant ce temps, dans une poêle, faites chauffer le beurre clarifié, ajoutez l'ail et l'oignon, puis faites-les dorer 3 minutes à feu moyen. Ajoutez les graines de cumin, la coriandre en poudre, le piment de Cayenne et laissez cuire 2 minutes.

Incorporez cette préparation aux lentilles, puis parsemez le tout de feuilles de coriandre hachées. Remuez délicatement et servez sans attendre.

NOTE : dans la cuisine indienne, le mot *dhal* désigne aussi bien les lentilles que le plat qu'elles composent. Très appréciés, les *dhal* sont cuisinés de différentes manières selon les familles ou les régions.

PORC VINDALOO

POUR **4 personnes**
PRÉPARATION : **20 min**
CUISSON : **1 h 45**

> 1 kg de filet de porc
> 4 cuill. à soupe d'huile végétale
> 2 oignons finement hachés
> 4 gousses d'ail finement hachées
> 1 cuill. à soupe de gingembre frais finement haché
> 1 cuill. à soupe de garam masala
> 2 cuill. à café de graines de moutarde brune
> 4 cuill. à soupe de pâte de curry vindaloo prête à l'emploi
> 1 cuill. à soupe de vinaigre blanc chinois (vinaigre de riz)
> pappadam
> sel du moulin

Retirez la graisse et les nerfs du filet de porc, puis détaillez-le en petits morceaux.

Dans un wok à feu moyen, faites chauffer l'huile, puis faites dorer la viande de 5 à 7 minutes, en procédant en plusieurs fois. Retirez-la du wok.

Ajoutez les oignons, l'ail, le gingembre, le garam masala et les graines de moutarde dans le wok, puis laissez cuire 5 minutes, en remuant, jusqu'à ce que l'oignon fonde. Incorporez la pâte de curry vindaloo et prolongez la cuisson 2 minutes.

Remettez la viande dans le wok, ajoutez 75 cl d'eau et portez à ébullition, puis réduisez le feu et faites mijoter pendant 1 heure 30, à couvert, jusqu'à ce que la viande soit tendre. Environ 15 minutes avant de servir, versez le vinaigre et salez. Servez accompagné de pappadam.

NOTE : le porc vindaloo est un plat goais qui tient son nom du *vinha d'alhos*, la marinade de base de la cuisine portugaise ; le porc, qui arrivait autrefois à Goa par bateau portugais, était stocké dans des tonneaux à vinaigre pour être mieux conservé. Il était ensuite cuisiné avec les épices et aromates locaux.

CURRY MALAIS DE POISSON

POUR **6 personnes**
PRÉPARATION : **20 min**
CUISSON : **40 min**

> 40 cl de crème de coco en conserve, non secouée
> 10 feuilles de curry (voir NOTE)
> 2 cuill. à soupe de poudre de curry de Malaisie
> 1/2 cuill. à café de curcuma en poudre
> 50 cl de fumet de poisson
> 2 cuill. à soupe de pulpe de tamarin
> 2 cuill. à soupe de sauce nuoc-mâm
> 1 cuill. à soupe de sucre en poudre
> 200 g de filets de vivaneau ou de dorade coupés en cubes
> 200 g d'aubergine détaillée en rondelles de 1 cm d'épaisseur
> 150 g de gombos détaillés en rondelles de 1 cm d'épaisseur
> 6 têtes de poisson nettoyées et écaillées par le poissonnier (facultatif)
> 2 tomates mûres coupées en huit
> 2 gros piments verts détaillés en lamelles de 1 cm de long
> riz cuit à la vapeur
> sel et poivre du moulin

Pour la pâte de curry

> 4 gousses d'ail hachées
> 4 échalotes roses hachées
> 1 tige de citronnelle, partie blanche uniquement, finement hachée
> 1 morceau de galanga frais de 3 cm de long finement haché
> 2 gros piments rouges hachés

Préparez la pâte de curry. Déposez tous les ingrédients dans le bol d'un robot, puis mixez jusqu'à obtention d'une pâte homogène, en ajoutant un peu d'eau, si nécessaire.

Ouvrez la boîte de crème de coco, prélevez à l'aide d'une cuillère la substance épaisse, puis versez-la dans un wok antiadhésif et portez-la à ébullition. Laissez-la mijoter 10 minutes, jusqu'à ce qu'elle commence à se dissocier. Incorporez la pâte de curry et faites cuire la préparation 5 minutes. Ajoutez les feuilles de curry, le curry en poudre et le curcuma, puis faites cuire 1 minute.

Versez dans le wok le fumet de poisson, la pulpe de tamarin, la sauce nuoc-mâm, le sucre en poudre et la crème de coco restante, puis portez à ébullition et laissez bouillonner 1 minute. Ajoutez les cubes de poisson, l'aubergine et les gombos, réduisez le feu, puis laissez mijoter la préparation pendant 15 minutes. Ajoutez éventuellement les têtes de poisson et prolongez la cuisson 5 minutes, en les retournant de manière à les cuire uniformément. Incorporez les tomates et les piments, puis laissez cuire le tout, jusqu'à ce que les légumes soient tendres. Assaisonnez et servez accompagné de riz vapeur.

NOTE : la feuille de curry pousse sur un petit arbre du sud de l'Inde. Utilisée fraîche ou sèche, elle participe au parfum des plats mijotés, et des currys en particulier.

FROMAGE BLANC AUX ÉPINARDS ET AUX ÉPICES

POUR **4 personnes**
PRÉPARATION : **20 min**
CUISSON : **30 min**

- 2 l de lait
- 5 ½ cuill. à soupe de jus de citron
- 100 g de yaourt au lait entier
- 500 g d'épinards
- 2 gousses d'ail
- 1 morceau de gingembre frais de 2 cm de long râpé
- 2 piments verts hachés
- 1 oignon haché
- 2 cuill. à soupe de beurre clarifié ou d'huile végétale
- 1 cuill. à café de cumin en poudre
- 1/2 cuill. à café de noix de muscade fraîchement râpée
- 1 cuill. à café de sel
- 12,5 cl de crème fouettée

Faites chauffer le lait dans une grande casserole, jusqu'à ce qu'il commence à frémir. Réduisez le feu, ajoutez le jus de citron et 2 cuillerées à soupe de yaourt, puis remuez jusqu'à ce que la préparation commence à cailler. Retirez la casserole du feu et laissez reposer son contenu pendant 5 minutes, jusqu'à ce que le caillé se forme.

Garnissez une passoire d'un carré de mousseline, puis versez-y le caillé et laissez-le reposer, jusqu'à ce que presque tout le liquide ait été filtré. Saisissez les quatre coins du carré de mousseline, puis réunissez-les de manière à comprimer le caillé et à en exprimer autant de liquide que possible. Posez de nouveau dans la passoire le caillé enveloppé de mousseline et laissez-le s'égoutter au frais pendant 3 heures, jusqu'à obtention d'un fromage frais et ferme, débarrassé de son petit-lait. Détaillez le fromage en dés de 4 cm de côté.

Faites cuire les épinards à la vapeur, au-dessus d'une casserole emplie d'eau frémissante, puis égouttez-les soigneusement et hachez-les finement.

Déposez l'ail, le gingembre, les piments et l'oignon dans le bol d'un robot, puis mixez jusqu'à obtention d'une pâte.

Dans un wok, faites chauffer le beurre clarifié, puis faites cuire la pâte pimentée 5 minutes à feu moyen, jusqu'à ce que le beurre commence à se séparer de la préparation. Ajoutez le cumin, la noix muscade, le reste de yaourt, le sel et l'eau, puis laissez mijoter 5 minutes. Transvasez le tout dans le bol d'un robot, ajoutez les épinards hachés et mixez jusqu'à obtention d'une purée homogène.

Transvasez la purée dans le wok, ajoutez les dés de fromage et la crème fouettée, puis laissez cuire 10 minutes, jusqu'à ce que la sauce soit bien chaude.

MIJOTÉ DE POULET ET DE LÉGUMES

POUR **4 personnes**
PRÉPARATION : **30 min**
CUISSON : **25 min**

- 500 g de cuisses de poulet, sans la peau, désossées
- 1 cuill. à soupe de sauce soja
- 1 cuill. à soupe de xérès sec
- 6 champignons parfumés séchés
- 2 cuill. à soupe d'huile d'arachide
- 2 petits blancs de poireau émincés
- 1 morceau de gingembre de 5 cm de long râpé
- 12,5 cl de bouillon de poulet
- 1 cuill. à café d'huile de sésame
- 250 g de patates douces coupées en rondelles
- 3 cuill. à café de fécule de maïs
- riz cuit à la vapeur ou nouilles

Lavez les cuisses de poulet à l'eau froide, puis séchez-les avec du papier absorbant. Détaillez-les en petits morceaux et déposez-les dans un saladier. Ajoutez la sauce soja et le xérès, puis couvrez et laissez mariner au réfrigérateur pendant 30 minutes. Égouttez le poulet et réservez la marinade.

Pendant ce temps, déposez les champignons dans un saladier, couvrez-les d'eau chaude et laissez-les tremper pendant 20 minutes. Égouttez-les, séchez-les, puis retirez les pieds et émincez les chapeaux.

Dans un wok, faites chauffer la moitié de l'huile d'arachide, puis faites frire la moitié des morceaux de poulet, jusqu'à ce qu'ils soient uniformément dorés. Transvasez-les dans un faitout ou dans une sauteuse, puis répétez l'opération avec le poulet restant.

Faites chauffer le reste de l'huile d'arachide dans le wok, ajoutez les poireaux et le gingembre, puis faites-les revenir 1 minute. Ajoutez les champignons, la marinade, le bouillon de poulet, l'huile de sésame et laissez cuire 2 minutes. Transvasez la préparation dans le faitout contenant le poulet, ajoutez les patates douces et laissez mijoter le tout pendant environ 20 minutes à feu doux.

Délayez la fécule de maïs avec un peu d'eau, versez-la dans le faitout, puis faites cuire la préparation à feu vif, tout en remuant, jusqu'à ce que la sauce bouille et épaississe. Servez accompagné de riz vapeur ou de nouilles.

NOTE : comme tous les plats mijotés, celui-ci sera meilleur si vous le cuisinez 1 ou 2 jours à l'avance et le conservez, couvert, au réfrigérateur, de manière que tous les parfums se développent. La préparation peut être congelée, à condition de ne pas y intégrer les patates douces. Faites cuire ces dernières à la vapeur ou mettez-les à bouillir séparément lorsque vous faites réchauffer la préparation, puis incorporez-les une fois cuites.

CURRY DE CREVETTES

POUR **4 personnes**
PRÉPARATION : **25 min**
CUISSON : **20 min**

> 1 kg de crevettes crues
> 25 g de beurre clarifié ou d'huile végétale
> 1 oignon finement haché
> 3 gousses d'ail écrasées
> 1 cuill. à café de gingembre frais râpé
> 1/2 cuill. à café de piment de Cayenne
> 2 cuill. à café de cumin en poudre
> 1 cuill. à café de garam masala
> 1/2 cuill. à café de curcuma en poudre
> 425 g de tomates hachées en conserve
> 5 ½ cuill. à soupe de crème de coco
> 2 cuill. à café de piment vert émincé
> 2 cuill. à soupe de feuilles de coriandre hachées
> sel et poivre du moulin

Détachez la tête des crevettes et décortiquez-les, puis incisez légèrement le dos et retirez la veine noire.

Dans un wok à feu moyen, faites chauffer le beurre clarifié, puis faites fondre l'oignon 3 minutes, jusqu'à ce qu'il soit doré. Ajoutez l'ail et le gingembre, puis faites-les revenir 1 minute. Versez le piment de Cayenne, le cumin, le garam masala, le curcuma et laissez cuire 1 minute, jusqu'à ce que les parfums se développent. Incorporez les crevettes et les tomates, puis laissez mijoter la préparation de 10 à 15 minutes, jusqu'à ce que le liquide ait réduit.

Versez la crème de coco et ajoutez progressivement le piment, en le dosant selon votre goût. Assaisonnez le curry, parsemez-le de coriandre et servez.

NOTE : vous pouvez remplacer la moitié ou toutes les crevettes par des filets de poisson blanc.

PORC AUX PIMENTS DOUX

POUR **4 personnes**
PRÉPARATION : **25 min**
CUISSON : **1 h 10**

> 500 g de porc détaillé en dés
> 2 cuill. à soupe d'huile végétale
> 1 pincée de sel
> 1 pincée de poivre du moulin
> 1 gros oignon finement haché
> 3 gousses d'ail finement hachées
> 1 morceau de gingembre de 5 cm de long râpé
> 4 piments rouges émincés
> 2 cuill. à soupe de sauce soja sucrée indonésienne ou de sauce soja additionnée de sucre
> 25 cl de lait de coco
> 2 cuill. à café de jus de citron vert

Dans un saladier, mélangez les dés de porc, l'huile, le sel et le poivre, puis laissez reposer pendant 10 minutes.

Dans un wok ou une sauteuse, faites dorer les dés de porc à feu moyen, en procédant en plusieurs fois, puis retirez la viande du wok et réservez.

Réduisez le feu sous le wok, ajoutez l'oignon, l'ail, le gingembre et les trois quarts des piments. Laissez cuire 10 minutes, en remuant régulièrement, jusqu'à ce que l'oignon fonde et dore. Remettez la viande, puis versez la sauce soja sucrée et le lait de coco. Laissez mijoter pendant 1 heure à feu doux, en remuant régulièrement.

Incorporez le jus de citron vert, puis servez, accompagné du reste de piment et de riz vapeur.

POULET KAPITAN

POUR **4 à 6 personnes**
PRÉPARATION : **35 min**
CUISSON : **30 min**

- 30 g de petites crevettes séchées
- 5 ½ cuill. à soupe d'huile végétale
- 4 à 8 piments rouges épépinés et finement hachés
- 4 gousses d'ail finement hachées
- 3 tiges de citronnelle, partie blanche uniquement, finement hachées
- 2 cuill. à café de curcuma en poudre
- 10 noix de macadamia
- 2 gros oignons hachés
- 1 pincée de sel
- 25 cl de lait de coco
- 500 g de cuisses de poulet, sans la peau, désossées et hachées
- 12,5 cl de crème de coco
- 2 cuill. à soupe de jus de citron vert
- riz cuit à la vapeur

Dans une poêle à feu doux, faites revenir les crevettes à sec 3 minutes, en agitant régulièrement la poêle, jusqu'à ce qu'elles virent à l'orange foncé et délivrent un parfum prononcé. Transvasez-les dans un mortier et pilez-les jusqu'à obtention d'une poudre fine.

Dans le bol d'un robot, réunissez la moitié de l'huile, les piments, l'ail, la citronnelle, le curcuma et les noix de macadamia, puis mixez par impulsions brèves, jusqu'à obtention d'un hachis fin – grattez régulièrement les parois du bol à l'aide d'une spatule en caoutchouc au cours de l'opération, de manière à décoller les morceaux qui y adhèrent.

Dans un wok ou une sauteuse, faites chauffer le reste de l'huile, ajoutez les oignons, saupoudrez-les de sel, puis faites-les dorer 8 minutes à feu doux, en remuant. Ajoutez le hachis épicé et les crevettes en poudre, en en réservant quelques pincées, puis laissez cuire 5 minutes, en continuant de remuer, jusqu'à ce que les parfums se développent – si le fond commence à accrocher, ajoutez 2 cuillerées à soupe de lait de coco.

Ajoutez le poulet, remuez, puis prolongez la cuisson 5 minutes, jusqu'à ce que la viande commence à dorer. Incorporez le reste de lait de coco et 25 cl d'eau, portez à ébullition, puis réduisez le feu et laissez mijoter 7 minutes, jusqu'à ce que le poulet soit cuit et que la sauce épaississe. Ajoutez la crème de coco et portez de nouveau à ébullition, tout en remuant. Versez le jus de citron vert, parsemez de crevettes en poudre réservées et servez sans attendre, accompagné de riz vapeur.

CANARD BRAISÉ AUX CHAMPIGNONS

POUR **6 personnes**
PRÉPARATION : **20 min**
CUISSON : **1h10**

- 15 g de champignons parfumés séchés
- 1 canard de 1,5 kg
- 2 cuill. à café d'huile végétale
- 2 cuill. à soupe de sauce soja
- 2 cuill. à soupe de vin de riz chinois
- 2 cuill. à café de sucre en poudre
- 2 larges zestes d'orange
- 125 g de cresson
- sel et poivre du moulin

Déposez les champignons dans un saladier, couvrez-les d'eau chaude et laissez-les tremper pendant 20 minutes. Égouttez-les, séchez-les, puis retirez les pieds et émincez les chapeaux.

À l'aide d'un couteau à large lame, détaillez le canard en morceaux, en coupant les os, puis disposez-les dans une passoire et arrosez-les d'eau bouillante – l'eau absorbée par la peau participera à maintenir la tendreté de la viande à la cuisson. Égouttez-les et séchez-les avec du papier absorbant.

Dans un wok à feu moyen, faites chauffer l'huile, puis faites dorer les morceaux de canard environ 8 minutes, en les retournant régulièrement – à ce stade de la cuisson, plus la viande sera dorée, plus flatteuse sera sa couleur au moment de servir. Procédez en plusieurs fois, si nécessaire, en essuyant chaque fois le wok avec du papier absorbant, afin d'éliminer l'excédent de graisse. Retirez la viande du wok et réservez.

Essuyez de nouveau le wok avec du papier absorbant, remettez les morceaux de canard, puis ajoutez les champignons, la sauce soja, le vin de riz, le sucre en poudre et les zestes d'orange. Portez à ébullition, puis réduisez le feu, couvrez le wok et laissez mijoter la préparation pendant 35 minutes, jusqu'à ce que le canard soit cuit. Assaisonnez et laissez reposer pendant 2 heures, à couvert, avant de servir.

Retirez la viande du wok et jetez les zestes d'orange. Disposez les bouquets de cresson le long d'un côté d'un grand plat de service, puis déposez délicatement le canard de l'autre côté – la viande chaude aurait pour effet de flétrir les feuilles de cresson. Nappez délicatement la viande de sauce et servez sans attendre.

NOTE : le braisage du canard à feu doux laisse la viande tendre et fondante en bouche ; et le jus de cuisson n'en sera que plus délicieux. Une cuisson trop vive assèche la viande, qui perd alors de sa saveur.

CURRY JAUNE DE LÉGUMES

POUR **4 personnes**
PRÉPARATION : **20 min**
CUISSON : **20 min**

- 2 cuill. à soupe d'huile d'arachide
- 50 cl de crème de coco
- 12,5 cl de bouillon de légumes
- 150 g de haricots kilomètres (haricots de 40 cm de long) ou de haricots verts détaillés en morceaux de 3 cm de long
- 150 g de mini-épis de maïs
- 1 fine aubergine détaillée en rondelles de 1 cm d'épaisseur
- 100 g de chou-fleur détaillé en fleurettes
- 2 petites courgettes détaillées en rondelles de 1 cm d'épaisseur
- 1 petit poivron rouge épépiné, évidé et détaillé en lamelles de 1 cm de long
- 1 ½ cuill. à soupe de sauce nuoc-mâm
- 1 cuill. à café de sucre de palme râpé ou de sucre roux
- 1 piment rouge haché
- quelques feuilles de coriandre

Pour la pâte de curry

- 8 petits piments rouges séchés
- 1 cuill. à café de grains de poivre noir
- 2 cuill. à café de graines de coriandre
- 2 cuill. à café de graines de cumin
- 1 cuill. à soupe de curcuma en poudre
- 1 ½ cuill. à soupe de galanga frais haché
- 5 gousses d'ail hachées
- 1 cuill. à café de gingembre frais râpé
- 5 échalotes roses hachées
- 2 tiges de citronnelle, partie blanche uniquement, hachées
- 1 cuill. à café de pâte de crevettes
- 1 cuill. à café de zeste de citron vert finement haché

Préparez la pâte de curry. Faites tremper les piments dans un bol empli d'eau bouillante pendant environ 20 minutes, puis égouttez-les et séchez-les. Dans une poêle, faites revenir à sec les grains de poivre, les graines de coriandre, de cumin et le curcuma 3 minutes à feu moyen, puis transvasez-les dans un mortier ou dans le bol d'un robot, et réduisez-les en une poudre fine. Versez-la dans un grand mortier, ajoutez les piments, le galanga, l'ail, le gingembre, les échalotes, la citronnelle et la pâte de crevettes, puis pilez le tout, jusqu'à obtention d'une pâte homogène. Incorporez le zeste de citron vert.

Dans un wok à feu moyen, faites chauffer l'huile, puis faites revenir 2 cuillerées à soupe de pâte de curry pendant 1 minute. Incorporez la moitié de la crème de coco, puis portez à ébullition et laissez mijoter 10 minutes, jusqu'à ce que la crème commence à se dissocier et que la sauce épaississe. Ajoutez le bouillon de légumes, les haricots kilomètres, les mini-épis de maïs, l'aubergine, le chou-fleur, les courgettes, le poivron et la crème de coco restante. Laissez mijoter la préparation 5 minutes, puis versez la sauce nuoc-mâm et le sucre de palme. Parsemez de piment et de feuilles de coriandre, puis servez.

POULET NONYA AU CITRON VERT

POUR **4 à 6 personnes**
PRÉPARATION : **20 min**
CUISSON : **25 min**

> 4 cuill. à soupe d'huile végétale
> 1 kg de cuisses de poulet, sans la peau, désossées et détaillées en dés de 3 cm de côté
> 40 cl de lait de coco
> 1 cuill. à café de zeste de citron vert râpé
> 12,5 cl de jus de citron vert
> 8 feuilles de kaffir ou de citron vert ciselées
> 2 cuill. à soupe de pulpe de tamarin
> 2 citrons verts coupés en tranches
> riz cuit à la vapeur
> sel du moulin

Pour la pâte de curry

> 70 g d'échalote rose
> 4 gousses d'ail
> 2 tiges de citronnelle, partie blanche uniquement, hachées
> 2 cuill. à café de galanga frais haché
> 1 cuill. à café de curcuma en poudre
> 2 cuill. à soupe de pâte de piments indonésienne
> 1 cuill. à soupe de pâte de crevettes

Préparez la pâte de curry. Déposez tous les ingrédients dans le bol d'un robot, puis mixez jusqu'à obtention d'une pâte homogène.

Dans un wok à revêtement antiadhésif, faites chauffer l'huile, puis faites revenir la pâte de curry 1 ou 2 minutes à feu vif, jusqu'à ce que les parfums se développent. Ajoutez les dés de poulet et laissez-les dorer 5 minutes. Incorporez le lait de coco, le zeste et le jus de citron vert, les feuilles de kaffir et la pulpe de tamarin. Réduisez le feu et laissez mijoter la préparation pendant 15 minutes, jusqu'à ce que le poulet soit cuit et que la sauce réduise et épaississe légèrement. Salez, garnissez la préparation de tranches de citron vert, des feuilles de kaffir restantes et servez accompagné de riz vapeur.

AGNEAU KOFTA

POUR **4 à 6 personnes**
PRÉPARATION : **25 min**
CUISSON : **50 min**

- 1 kg d'agneau haché
- 1 oignon finement haché
- 2 piments verts finement hachés
- 3 cuill. à café de gingembre frais râpé
- 3 gousses d'ail écrasées
- 1 cuill. à café de cardamome en poudre
- 1 œuf
- 25 g de chapelure fraîche
- 2 cuill. à soupe de beurre clarifié ou d'huile végétale
- sel et poivre du moulin

Pour la sauce

- 1 cuill. à soupe de beurre clarifié ou d'huile végétale
- 1 oignon émincé
- 1 piment vert finement haché
- 3 cuill. à café de gingembre frais râpé
- 2 gousses d'ail écrasées
- 1 cuill. à café de curcuma en poudre
- 3 cuill. à café de graines de coriandre en poudre
- 2 cuill. à café de cumin en poudre
- 1 cuill. à café de piment de Cayenne
- 2 cuill. à soupe de vinaigre blanc chinois (vinaigre de riz)
- 185 g de yaourt au lait entier
- 30 cl de lait de coco
- riz cuit à la vapeur

Garnissez une plaque de cuisson de papier sulfurisé. Déposez la viande dans un grand saladier, ajoutez l'oignon, les piments, le gingembre, l'ail, la cardamome, l'œuf et la chapelure. Assaisonnez, mélangez bien, puis prélevez des cuillerées à soupe rases de préparation et modelez des boulettes. Déposez-les sur la plaque de cuisson, puis réservez.

Dans une poêle, faites chauffer le beurre clarifié, puis faites dorer les boulettes de viande 5 minutes à feu moyen, en procédant en deux fois. Transvasez-les dans un grand saladier.

Préparez la sauce. Nettoyez la poêle, faites-y chauffer le beurre clarifié, puis ajoutez l'oignon, le piment, le gingembre, l'ail, le curcuma, et laissez cuire à feu doux, en remuant, jusqu'à ce que l'oignon fonde. Incorporez la coriandre, le cumin, le piment de Cayenne, le vinaigre, les boulettes et 35 cl d'eau. Remuez délicatement, couvrez et laissez mijoter la préparation pendant 30 minutes. Incorporez le yaourt et le lait de coco, puis prolongez la cuisson 10 minutes, en couvrant partiellement la poêle. Servez accompagné de riz vapeur.

CURRY DE POISSON À LA TOMATE DU SRI LANKA

POUR **6 personnes**
PRÉPARATION : **20 min**
MARINADE : **30 min**
CUISSON : **20 min**

- 1 kg de filets de poisson blanc, à chair ferme, sans la peau et sans arêtes
- 4 cuill. à soupe d'huile végétale
- 1 gros oignon finement haché
- 3 grosses gousses d'ail écrasées
- 2 cuill. à soupe de gingembre frais râpé
- 1 cuill. à café de graines de moutarde brune
- 1,2 kg de tomates hachées en conserve
- 3 cuill. à soupe de feuilles de coriandre finement hachées
- 2 petits piments verts épépinés et finement hachés
- 2 cuill. à soupe de sucre de palme râpé ou de sucre roux
- riz cuit à la vapeur

Pour la marinade

- 4 cuill. à soupe de jus de citron
- 4 cuill. à soupe de vinaigre de noix de coco (voir NOTE)
- 2 cuill. à café de graines de cumin
- 1 cuill. à café de curcuma en poudre
- 1 cuill. à café de piment de Cayenne
- 1 cuill. à soupe de sel

Préparez la marinade. Dans un récipient non métallique, versez le jus de citron, le vinaigre de noix de coco, les graines de cumin, le curcuma, le piment de Cayenne et le sel, puis mélangez le tout.

Retirez soigneusement les éventuelles arêtes des filets de poisson à l'aide d'une pince à épiler, puis détaillez la chair en morceaux de 2,5 cm x 10 cm. Déposez-les dans la marinade, remuez délicatement, couvrez de film alimentaire et réservez au réfrigérateur pendant 30 minutes.

Dans un wok à revêtement antiadhésif, faites chauffer l'huile à feu vif, ajoutez l'oignon, l'ail, le gingembre et les graines de moutarde, puis laissez cuire 5 minutes à feu doux, en remuant régulièrement. Ajoutez les morceaux de poisson, la marinade, les tomates, la coriandre, les piments et le sucre de palme, puis couvrez le wok et laissez mijoter la préparation de 10 à 15 minutes à feu doux, jusqu'à ce que la chair du poisson s'effeuille facilement du bout d'une fourchette. Servez accompagné de riz vapeur.

NOTE : le vinaigre de noix de coco est préparé à partir de la sève de différentes variétés de palmier.

DOUCEURS SUCRÉES

RIZ AU LAIT DE COCO ET À LA MANGUE

POUR **4 personnes**
PRÉPARATION : **10 min**
TREMPAGE : **12 h**
CUISSON : **1 h 05**

> 400 g de riz blanc long grain
> 1 cuill. à soupe de graines de sésame blanc
> 25 cl de lait de coco
> 70 g de sucre de palme râpé ou de sucre roux
> 1 pincée de sel
> 2 ou 3 mangues pelées, épépinées et émincées
> 4 cuill. à soupe de crème de coco
> quelques brins de menthe fraîche

La veille, déposez le riz dans une passoire et rincez-le à l'eau froide, jusqu'à ce que le liquide qui s'en écoule soit limpide. Transvasez le riz dans un saladier en verre ou en céramique, couvrez-le d'eau et laissez-le tremper pendant 1 nuit. Égouttez-le.

Le jour même, garnissez d'un carré de mousseline le fond d'un panier-vapeur en bambou. Déposez le riz sur la mousseline, couvrez hermétiquement, puis installez le panier-vapeur au-dessus d'un wok empli d'eau bouillante et faites cuire le riz pendant 50 minutes à feu doux – ajoutez de l'eau bouillante dans le wok, si nécessaire. Transvasez le riz dans un grand saladier, égrainez-le à la fourchette, puis réservez.

Dans une poêle, faites griller à sec les graines de sésame 3 ou 4 minutes à feu moyen, en agitant délicatement la poêle, de manière à les dorer uniformément. Ôtez-les du feu sans attendre, afin qu'elles ne brûlent pas.

Versez le lait de coco dans une petite casserole, ajoutez le sucre de palme et le sel, puis portez lentement à ébullition, tout en remuant, jusqu'à ce que le sucre soit dissous. Réduisez le feu et laissez mijoter 5 minutes, jusqu'à ce que la préparation commence à épaissir légèrement. Remuez régulièrement en cours de cuisson, afin d'éviter que le lait n'accroche.

Versez progressivement le lait de coco sucré sur le riz, puis remuez et aérez-le riz à l'aide d'une fourchette – ne versez pas tout le lait en une fois, le riz deviendrait trop collant. Laissez reposer la préparation pendant 20 minutes, puis répartissez-la dans quatre bols de service chauds et garnissez-la de fines tranches de mangue. Nappez de 1 cuillerée à soupe de crème de coco, saupoudrez de graines de sésame grillées et décorez de brins de menthe.

BEIGNETS DE BANANE À LA NOIX DE COCO

POUR **6 personnes**
PRÉPARATION : **15 min**
REPOS DE LA PÂTE : **1 h**
CUISSON : **20 min**

- 6 bananes mûres
- huile pour la friture
- un peu de crème glacée à la vanille
- 1 poignée de graines de sésame grillées

Pour la pâte

- 100 g de farine de riz gluant
- 100 g de noix de coco fraîchement râpée ou 60 g de noix de coco déshydratée
- 55 g de sucre en poudre
- 1 cuill. à soupe de graines de sésame
- 5 cl de lait de coco

Préparez la pâte. Dans un grand saladier, mélangez tous les ingrédients avec 5 cl d'eau. Fouettez la préparation jusqu'à obtention d'une pâte lisse, en ajoutant un peu d'eau si elle est trop épaisse, puis réservez pendant 1 heure.

Pelez les bananes et partagez-les en deux dans le sens de la longueur – coupez chaque moitié en deux si elles sont trop longues.

Emplissez un wok ou une friteuse au tiers d'huile et faites-la chauffer à 180 °C. Plongez chaque morceau de banane dans la pâte, puis déposez-les délicatement dans le bain de friture et faites-les frire de 4 à 6 minutes, jusqu'à ce que les beignets soient dorés, en procédant en plusieurs fois. Retirez-les à l'aide d'une écumoire et égouttez-les sur du papier absorbant. Servez les beignets chauds, accompagnés d'une boule de glace à la vanille, saupoudrée de graines de sésame grillées.

PUDDING DE SAGOU

POUR **6 personnes**
TREMPAGE : **1 h**
PRÉPARATION : **10 min**
RÉFRIGÉRATION : **2 h**
CUISSON : **20 min**

- 200 g de sagou (fécule alimentaire extraite du sagoutier)
- 185 g de sucre roux en poudre
- 25 cl de crème de coco bien froide

Faites tremper le sagou pendant 1 heure dans un saladier empli de 75 cl d'eau. Transvasez le tout dans une casserole, ajoutez 2 cuillerées à soupe de sucre et portez à ébullition à feu doux, en remuant régulièrement. Réduisez le feu et laissez mijoter 8 minutes, en continuant de remuer. Couvrez et prolongez la cuisson 2 ou 3 minutes, jusqu'à ce que la préparation épaississe et que les grains de sagou deviennent translucides.

Humidifiez six petits moules, emplissez-les à moitié du mélange à base de sagou et réservez-les au réfrigérateur pendant 2 heures, jusqu'à ce que la préparation prenne.

Dans une petite casserole, diluez le reste du sucre en poudre dans 25 cl d'eau. Faites chauffer à feu doux, jusqu'à ce que le sucre soit dissous, puis laissez mijoter de 5 à 7 minutes, jusqu'à obtention d'un sirop épais. Retirez du feu et laissez refroidir.

Démoulez les puddings de sagou sur des assiettes de service, en chauffant les moules à l'aide d'un torchon plongé dans de l'eau chaude. Nappez-les de sirop de sucre et de crème de coco.

BOUCHÉES SUCRÉES DU NOUVEL AN CHINOIS

POUR **24 bouchées**
PRÉPARATION : **40 min**
CUISSON : **15 min**

> 60 g de pâte de sésame noir ou de pâte de haricots rouges ou de beurre de cacahuètes (voir NOTES)
> 80 g de sucre en poudre extra-fin
> 250 g de farine de riz gluant
> 20 cl d'eau bouillante
> 30 g de sucre candi roux (voir NOTES)

Dans un petit saladier, mélangez la pâte de sésame et le sucre en poudre.

Tamisez la farine de riz au-dessus d'un saladier, puis incorporez-y l'eau bouillante et pétrissez délicatement, jusqu'à obtention d'une boule de pâte lisse, légèrement collante. Farinez-vous les mains, roulez la pâte de manière à former un cylindre, puis divisez-le en petits tronçons de la taille d'une cerise – couvrez-les d'un torchon au fur et à mesure. Abaissez chaque tronçon afin d'obtenir un petit disque de pâte, puis relevez-en les bords pour former une sorte de coupelle de pâte – celle-ci doit être très fine. Répétez l'opération jusqu'à obtention de 24 petites coupes

Déposez 1 cuillerée à café de pâte de sésame sucrée dans chaque petite coupelle, puis rabattez les bords par-dessus et scellez-les en lissant la pâte, de manière à obtenir une bouchée bien ronde.

Dans une casserole, portez à ébullition 1 l d'eau, puis versez le sucre candi et remuez jusqu'à ce qu'il soit dissous. Faites de nouveau bouillir, puis plongez-y les bouchées, en procédant en plusieurs fois. Laissez-les cuire 5 minutes, jusqu'à ce qu'elles flottent à la surface. Servez les bouchées chaudes, nappées d'un peu du sirop.

NOTES :

- La pâte de sésame est obtenue par broyage de graines de sésame grillées ; elle ne doit pas être confondue avec le tahini du Proche-Orient.
- Très prisée et utilisée dans la cuisine asiatique, et tout particulièrement en pâtisserie, la pâte de haricots rouges est fabriquée à base de haricots azuki bouillis et broyés. Sa saveur sucrée ressemble à celle de la crème de marrons.
- Le sucre candi roux se présente sous la forme de gros cristaux de taille inégale. Ce sucre pur permet d'obtenir un sirop fluide, parfait pour la confection de sauces à l'éclat incomparable. À défaut, vous pouvez le remplacer par du sucre en morceaux.

RIZ AU LAIT DES MAHARAJAS

POUR **4 personnes**
PRÉPARATION : **15 min**
CUISSON : **1 h 50**

- 65 g de riz basmati
- 1,5 l de lait
- 6 gousses de cardamome légèrement écrasées
- 115 g de sucre en poudre extra-fin
- 40 g de raisins secs hachés
- 30 g d'éclats d'amande
- 1 pincée de pistils de safran
- 1 cuillerée à soupe d'eau de rose
- un peu de cannelle en poudre

Faites tremper le riz dans un saladier empli d'eau pendant 30 minutes, puis égouttez-le et réservez.

Versez le lait dans une casserole, ajoutez les gousses de cardamome et portez à ébullition. Incorporez le riz, puis réduisez le feu et laissez mijoter pendant 1 heure, en remuant régulièrement, jusqu'à ce qu'il soit cuit. Ajoutez le sucre en poudre, les raisins secs et les éclats d'amande. Portez à légère ébullition et laissez frémir pendant 50 minutes, jusqu'à ce que le mélange soit crémeux. Remuez régulièrement afin d'éviter que la préparation n'accroche. Retirez les gousses de cardamome.

Délayez le safran avec un peu d'eau et incorporez-le au riz au lait, pour le colorer légèrement. Ajoutez l'eau de rose, puis servez tiède ou froid, saupoudré de cannelle.

NOTE : servi lors des repas de fête, des mariages et des cérémonies religieuses, ce dessert, baptisé *kheer* en Inde, est particulièrement apprécié dans le nord du pays. C'est une préparation exotique délicieuse, riche et crémeuse, qui se distingue par la saveur de la cardamome et la texture de l'amande.

CRÈME AU LAIT ET À LA CAROTTE

POUR **6 personnes**
PRÉPARATION : **5 min**
CUISSON : **1 h**

- 1 l de lait
- 235 g de carottes râpées
- 40 g de raisins de Corinthe
- 115 g de sucre en poudre extra-fin
- 1 pincée de cannelle en poudre
- 1 pincée de cardamome en poudre
- 8 cl de crème fouettée
- 2 cuill. à soupe de pistaches non salées, hachées

Versez le lait dans une grande casserole et portez-le à ébullition à feu moyen, en remuant régulièrement. Réduisez le feu et laissez bouillonner le lait, jusqu'à ce qu'il réduise de moitié – continuez de remuer afin d'éviter qu'il n'accroche.

Ajoutez les carottes et les raisins de Corinthe, puis prolongez la cuisson pendant 15 minutes.

Incorporez le sucre en poudre, la cannelle, la cardamome, la crème fouettée et laissez cuire, tout en remuant, jusqu'à ce que le sucre soit dissous.

Répartissez la crème dans des petits bols de service, parsemez de pistaches hachées et servez chaud.

TARTELETTES À L'ŒUF

POUR **12 tartelettes**
PRÉPARATION : **45 min**
RÉFRIGÉRATION : **30 min**
CUISSON : **15 min**

- 55 g de sucre en poudre extra-fin
- 2 œufs

Pour la pâte sucrée

- 165 g de farine
- 2 cuill. à soupe de sucre glace
- 2 cuill. à soupe d'huile végétale

Pour la pâte grasse

- 125 g de farine
- 100 g de saindoux coupé en dés

Préparez la pâte sucrée. Tamisez la farine et le sucre glace au-dessus d'un saladier, puis creusez un puits au centre. Dans un bol, mélangez l'huile avec 8 cl d'eau, puis versez-les dans le puits. Travaillez la préparation à l'aide d'un couteau à large lame, en hachant le tout et en ajoutant un peu d'eau, si nécessaire, jusqu'à obtention d'une pâte grossière. Déposez-la sur le plan de travail fariné et pétrissez-la jusqu'à obtention d'une boule homogène. Couvrez-la et réservez pendant 15 minutes.

Pendant ce temps, préparez la pâte grasse. Tamisez la farine au-dessus d'un saladier, puis incorporez le saindoux du bout des doigts, jusqu'à obtention d'une pâte sablée. Écrasez-la et repliez-la pour former une boule homogène, puis couvrez-la et réservez pendant 15 minutes.

Abaissez la pâte sucrée sur le plan de travail fariné en un rectangle d'environ 10 cm x 20 cm. Abaissez également la pâte grasse sur le plan de travail en un rectangle environ un tiers plus petit que le précédent. Déposez le petit rectangle sur le grand. Rabattez et scellez les bords du grand sur le petit. Aplatissez au rouleau à pâtisserie les rectangles superposés, de manière à obtenir un rectangle moitié moins épais. Pliez le rectangle de pâte en trois, en commençant par rabattre le côté gauche sur le centre, puis le côté droit par-dessus. Enveloppez de film alimentaire et réservez au réfrigérateur pendant 30 minutes.

Préchauffez le four à 210 °C (therm. 7) et badigeonnez douze moules à tartelette de beurre fondu ou d'huile.

Dans une casserole, diluez le sucre en poudre dans 8 cl d'eau, puis faites chauffer jusqu'à ce qu'il soit dissous, en remuant, mais sans laisser bouillir. Portez à ébullition, puis faites mijoter 1 minute, sans remuer et laissez refroidir la préparation pendant 5 minutes. Cassez les œufs au-dessus d'un saladier et battez-les légèrement à la fourchette. Incorporez le sirop de sucre aux œufs battus, en fouettant le mélange à la fourchette. Filtrez la préparation et réservez.

Déposez la pâte sur le plan de travail fariné, puis abaissez-la en un rectangle d'environ 3 mm d'épaisseur. Découpez des disques de pâte à l'aide d'un emporte-pièce de 7 cm de diamètre, déposez-les dans les moules, puis emplissez au tiers chaque fond de pâte de garniture à l'œuf. Enfournez les moules pour 15 minutes, jusqu'à ce que la garniture commence à prendre. Laissez les tartelettes refroidir pendant 5 minutes avant de les démouler. Servez tiède ou froid.

GELÉE D'AMANDES

POUR **4 à 6 personnes**
PRÉPARATION : **5 min**
CUISSON : **5 min**

- 80 g de sucre en poudre extra-fin
- 2 cuill. à café d'agar-agar (dans les épiceries bio, voir NOTE)
- 20 cl de lait concentré non sucré
- 1/2 cuill. à café d'extrait d'amande
- 3 mandarines pelées et séparées en quartiers ou 300 g de cerises dénoyautées et glacées

Dans une petite casserole, réunissez 50 cl d'eau, le sucre en poudre et l'agar-agar, portez à ébullition, puis laissez bouillonner environ 1 minute. Retirez la casserole du feu, puis incorporez le lait condensé et l'extrait d'amande.

Transvasez la préparation dans un moule à gâteau de 20 cm x 30 cm. Laissez refroidir pendant au moins 1 heure, puis découpez la gelée en losanges et servez accompagné de quartiers de mandarine ou de cerises.

NOTE : l'agar-agar est un produit gélifiant en poudre, extrait d'algues rouges, qui n'exige pas de réfrigération pour agir. À défaut, utilisez 3 cuillerées à soupe de gélatine en poudre, mise à gonfler dans 12,5 cl d'eau froide. Incorporez le tout au sirop de sucre, puis portez la préparation à ébullition et retirez-la du feu – inutile de laisser bouillonner. Poursuivez comme indiqué ci-dessus, mais placez le moule au réfrigérateur pendant 5 heures, jusqu'à ce que la gelée ait pris.

GÂTEAU DE RIZ AUX HUIT TRÉSORS

POUR **8 personnes**
PRÉPARATION : **20 min**
CUISSON : **3 h**

> 12 graines de lotus entières blanchies (voir NOTES)
> 12 jujubes (voir NOTES)
> 20 noix de ginkgo en conserve, décortiquées, ou fraîches (voir NOTES)
> 225 g de riz gluant
> 2 cuill. à soupe de sucre en poudre
> 2 cuill. à café d'huile végétale
> 30 g de sucre en morceaux
> 8 cerises confites
> 6 longanes séchés dénoyautés (voir NOTES)
> 4 amandes ou noix
> 225 g de pâte de haricots rouges

Faites tremper les graines de lotus et les jujubes pendant 30 minutes dans des saladiers séparés emplis d'eau froide, puis égouttez-les. Retirez les noyaux des jujubes. Si vous utilisez des noix de ginkgo fraîches, faites-les blanchir 5 minutes dans une casserole d'eau bouillante, puis rafraîchissez-les à l'eau froide et séchez-les.

Pendant ce temps, versez le riz gluant dans une grande casserole emplie de 30 cl d'eau, portez à ébullition, puis réduisez le feu et laissez mijoter de 10 à 15 minutes. Incorporez le sucre en poudre et l'huile, puis réservez.

Dans une autre casserole, faites dissoudre le sucre en morceaux dans 20 cl d'eau. Portez à ébullition, puis ajoutez les graines de lotus, les jujubes, les noix de ginkgo et laissez mijoter pendant 1 heure. Égouttez et réservez le sirop.

Graissez un saladier de 1 l résistant à la chaleur. Déposez au fond les graines de lotus, les jujubes, les noix de ginkgo, les cerises confites, les longanes et les amandes, puis couvrez-les des deux tiers de la préparation au riz. Lissez en formant une petite dépression au centre, nappez de pâte de haricots, puis couvrez du reste de riz et lissez la surface.

Couvrez le riz de papier sulfurisé graissé et placez le saladier au fond d'un panier-vapeur. Couvrez et laissez cuire le gâteau à la vapeur de 1 heure à 1 heure 30, au-dessus d'un wok empli d'eau frémissante. Ajoutez de l'eau bouillante dans le wok en cours de cuisson, si nécessaire. Retournez le gâteau de riz sur un plat de service, nappez-le du sirop réservé. Servez chaud.

NOTES :

• On trouve les graines de lotus sous de multiples formes : fraîches, séchées, en conserve ou confites.
• Les jujubes séchés, ou dattes chinoises, sont des fruits de la taille d'une olive, à la peau rouge et flétrie.
• Le ginkgo est un arbre surnommé « arbre aux quarante écus ». La coquille de ses noix cache une amande qui doit être mise à tremper, afin de la débarrasser de sa peau coriace. Les noix décortiquées sont disponibles en conserve.
• Les longanes sont des fruits de la même famille que les lychees, disponibles frais, en conserve ou séchés.

KULFI

POUR **6 personnes**
PRÉPARATION : **20 min**
CUISSON : **50 min**
CONGÉLATION : **15 h**

- 1,5 l de lait
- 8 gousses de cardamome
- 4 cuill. à café de sucre en poudre extra-fin
- 20 g d'amandes émondées, finement hachées
- 25 g de pistaches hachées

La veille, versez le lait dans une grande casserole, ajoutez les gousses de cardamome et portez à ébullition. Réduisez le feu et laissez mijoter, en remuant régulièrement, jusqu'à ce que la préparation réduise d'environ un tiers – afin d'obtenir 1 l de lait concentré. Remuez régulièrement en cours de cuisson, afin d'éviter qu'il n'accroche.

Ajoutez le sucre en poudre et laissez cuire 2 ou 3 minutes. Retirez les gousses de cardamome, puis incorporez les amandes et les pistaches. Transvasez la préparation dans un récipient métallique ou en plastique peu profond, couvrez-le d'une feuille de papier sulfurisé et placez-le au congélateur pendant 1 heure. Retirez la préparation du congélateur, puis battez-la pour briser les cristaux de glace. Remettez-la au frais et répétez l'opération à deux nouvelles reprises.

Graissez légèrement six petits moules d'une contenance de 25 cl, puis répartissez-y la préparation et placez-les au congélateur pendant 1 nuit.

Le jour même, démoulez, entaillez les sommets en croix, sur 5 mm de profondeur, puis saupoudrez de pistaches hachées. Servez sans attendre.

CRÈME GLACÉE PANÉE À LA NOIX DE COCO

POUR **6 personnes**
PRÉPARATION : **20 min**
CUISSON : **10 min**

- 2 l de crème glacée à la vanille
- 1 œuf
- 125 g de farine
- 150 g de chapelure fine
- 2 cuill. à soupe de noix de coco en poudre
- huile pour la friture

Prélevez 6 grosses cuillerées de crème glacée, déposez-les sur une plaque de cuisson et placez le tout au congélateur.

Dans un saladier, mélangez l'œuf, la farine et 20 cl d'eau, jusqu'à obtention d'une pâte épaisse. Enrobez les portions de crème glacée de pâte, puis roulez-les dans la chapelure et la noix de coco, de manière à former une croûte épaisse. Placez les portions panées au congélateur et réservez pendant plusieurs jours.

Emplissez un wok ou une friteuse au tiers d'huile et faites-la chauffer à 180 °C. Plongez-y les portions de crème glacée panée en une fois et laissez-les dorer 1 seconde, en veillant à ne pas laisser fondre la crème glacée. Retirez-les du bain de friture et servez sans attendre.

RAVIOLIS SUCRÉS

POUR **30 raviolis**
PRÉPARATION : **15 min**
CUISSON : **20 min**

- 125 g de dattes dénoyautées et hachées
- 2 bananes finement hachées
- 45 g d'amandes effilées, légèrement écrasées
- 1/2 cuill. à café de cannelle en poudre
- 60 feuilles de pâte à raviolis
- huile pour la friture
- un peu de sucre glace

Dans un saladier, mélangez les dattes, les bananes, les amandes et la cannelle. Étalez une feuille de pâte sur le plan de travail et déposez 2 cuillerées à café de cette préparation au centre. Humidifiez le pourtour, puis posez une seconde feuille par-dessus le mélange aux fruits, en décalant les angles par rapport à la première feuille, de manière à former une étoile. Répétez l'opération avec le reste des feuilles et de la préparation aux fruits, jusqu'à obtention de trente raviolis. Disposez-les sur une plaque de cuisson garnie de papier sulfurisé, en veillant à bien les espacer les uns des autres.

Emplissez un wok ou une friteuse au tiers d'huile et faites-la chauffer à 180 °C. Faites frire les raviolis 2 minutes, en procédant en plusieurs fois, jusqu'à ce qu'ils soient dorés et craquants, puis égouttez-les sur du papier absorbant. Saupoudrez-les de sucre glace et servez sans attendre.

BISCUITS CHINOIS DE LA CHANCE

POUR **30 biscuits**
PRÉPARATION : **40 min**
CUISSON : **50 min**

- 3 blancs d'œufs
- 60 g de sucre glace tamisé
- 45 g de beurre doux fondu
- 60 g de farine
- 30 bandelettes de papier de 1,5 cm x 5 cm pour écrire les messages

Préchauffez le four à 180 °C (therm. 4). Garnissez une plaque de cuisson de papier sulfurisé et tracez dessus trois cercles de 8 cm de diamètre.

Montez les blancs d'œufs en neige dans un saladier, ajoutez le sucre glace et le beurre fondu, puis remuez, jusqu'à obtention d'une pâte homogène. Ajoutez la farine et remuez, jusqu'à obtention d'une pâte lisse. Laissez reposer pendant 15 minutes.

À l'aide d'un couteau à large lame, étalez 1 ½ cuillerée à café de pâte à l'intérieur de chaque cercle tracé sur le papier sulfurisé. Enfournez les disques de pâte et faites-les cuire 5 minutes, jusqu'à ce que les bords soient légèrement dorés. Décollez-les rapidement, en glissant la lame d'un couteau par-dessous. Posez un message au centre d'un des disques, puis pliez la pâte en deux, de manière à former un demi-cercle, et pliez-la de nouveau en deux, en vous aidant par exemple du bord d'un verre. Répétez tout le processus jusqu'à épuisement de la pâte, en laissant refroidir les biscuits sur une grille au fur et à mesure.

NOTE : ne faites pas cuire plus de deux ou trois biscuits à la fois — la pâte durcirait trop vite et se briserait au pliage.

TAPIOCA À LA NOIX DE COCO

POUR **4 personnes**
PRÉPARATION : **10 min**
CUISSON : **15 min**

- 150 g de perles de tapioca (voir NOTE)
- 85 cl de lait de coco
- 1 gousse de vanille fendue
- 115 g de sucre en poudre extra-fin
- un peu de lait de coco
- 1 poignée de pistaches hachées

Réunissez les perles de tapioca et le lait de coco dans une grande casserole, ajoutez la gousse de vanille, puis faites chauffer pendant 15 minutes à feu doux, en remuant, afin d'éviter que le tapioca n'accroche et ne brûle. Ajoutez le sucre en poudre et remuez jusqu'à ce qu'il soit dissous. Retirez la gousse de vanille, puis versez le tapioca dans un saladier et laissez refroidir en plaçant le récipient au réfrigérateur.

Répartissez le tapioca dans des assiettes à dessert, nappez-le de lait de coco, saupoudrez de pistaches et servez.

NOTE : le tapioca est une fécule extraite de l'amidon des racines de manioc. Il se présente sous forme de billes blanches ou colorées que l'on cuisine aussi bien dans des recettes salées que sucrées.

CRÈME ÉPICÉE À LA NOIX DE COCO

POUR **8 personnes**
PRÉPARATION : **20 min**
CUISSON : **1 h**

- 2 bâtons de cannelle
- 1 cuill. à café de noix de muscade fraîchement râpée
- 2 cuill. à café de clous de girofle entiers
- 30 cl de crème fouettée
- 90 g de sucre de palme haché ou de sucre roux
- 25 cl de lait de coco
- 3 œufs + 2 jaunes d'œufs
- un peu de crème fouettée
- quelques copeaux de noix de coco grillés

Préchauffez le four à 160 °C (therm. 5-6).

Dans une casserole emplie de 25 cl d'eau, mélangez les bâtons de cannelle, la noix de muscade, les clous de girofle et la moitié de la crème fouettée. Portez à ébullition, puis réduisez le feu et laissez mijoter 5 minutes, jusqu'à ce que les parfums se développent. Ajoutez le sucre de palme et le lait de coco, puis remontez un peu le feu et remuez jusqu'à ce que le sucre soit dissous.

Dans un saladier, fouettez ensemble les œufs et les jaunes d'œufs, incorporez la préparation aux épices, puis filtrez la crème obtenue et jetez les épices. Répartissez-la dans huit ramequins de 12,5 cl. Placez-les dans un plat allant au four, enfournez-les et faites-les cuire de 40 à 45 minutes – la crème doit être cuite, mais elle doit trembler légèrement lorsque vous agitez le moule. Retirez les moules du plat. Servez chaud ou froid, décoré de copeaux de noix de coco grillés et accompagné de la crème fouettée restante.

CRÈME GLACÉE AU THÉ VERT

POUR **4 personnes**
PRÉPARATION : **15 min**
CUISSON : **30 min**
RÉFRIGÉRATION : **12 h**

> 50 cl de lait
> 4 cuill. à soupe de feuilles de thé vert japonais
> 6 jaunes d'œufs
> 115 g de sucre en poudre extra-fin
> 50 cl de crème fouettée

Versez le lait dans une casserole, ajoutez les feuilles de thé vert, puis faites chauffer à feu doux, jusqu'au seuil de l'ébullition – plus le temps de chauffe sera long, plus le lait prendra la saveur du thé. Laissez infuser pendant 5 minutes, puis filtrez la préparation.

Dans un saladier résistant à la chaleur, fouettez les jaunes d'œufs avec le sucre en poudre, jusqu'à ce que le mélange épaississe et blanchisse. Placez le saladier au-dessus d'une casserole d'eau frémissante, en veillant à ce qu'il ne touche pas l'eau, puis incorporez le lait aromatisé et remuez jusqu'à ce que la crème épaississe et nappe le dos de la cuillère.

Retirez du feu, laissez refroidir légèrement, puis ajoutez la crème fouettée. Versez la préparation dans une sorbetière et faites turbiner. À défaut de sorbetière, transvasez le tout dans un récipient métallique peu profond, placez-le au congélateur pendant 12 heures, en fouettant la préparation toutes les heures, jusqu'à obtention d'une crème glacée.

NOTE : si vous souhaitez colorer un peu plus votre crème glacée, ajoutez quelques gouttes de colorant alimentaire vert à la préparation.

CRÈME D'AMANDES CHINOISE

POUR **6 personnes**
PRÉPARATION : **5 min**
CUISSON : **1 h 15**
RÉFRIGÉRATION **(facultative)** : **3 h**

> 100 g d'amandes en poudre
> 90 g de farine de riz gluant
> 60 cl de lait
> 115 g de sucre en poudre extra-fin
> 1 mangue fraîche (facultatif)

Dans une grande casserole, mélangez les amandes en poudre et la farine de riz avec 8 cl d'eau, jusqu'à obtention d'une pâte épaisse et homogène – ajoutez un peu d'eau, si nécessaire. Versez le lait et mélangez jusqu'à obtention d'une pâte lisse.

Faites chauffer la préparation pendant environ 15 minutes à feu doux, tout en remuant, jusqu'à ce que la pâte épaississe. Incorporez progressivement le sucre en poudre, en continuant de remuer, jusqu'à ce qu'il soit dissous.

Répartissez la préparation dans six petits bols de service. Servez la crème chaude, ou bien laissez-la tiédir, puis placez-la au réfrigérateur pendant 3 heures, pour qu'elle se raffermisse. La crème froide est délicieuse accompagnée de mangue fraîche.

INDEX

Cet index rassemble toutes les recettes classées par ordre alphabétique et par nom de **produit**, ainsi que les ***ingrédients*** faisant l'objet d'une note spécifique.

D-E

TABLEAU INDICATIF DE CUISSON										
Thermostat	1	2	3	4	5	6	7	8	9	10
Température	30 °C	60 °C	90 °C	120 °C	150 °C	180 °C	210 °C	240 °C	270 °C	300 °C
Ces indications sont valables pour un four électrique traditionnel. Pour les fours à gaz ou électriques à chaleur tournante, reportez-vous à la notice du fabricant.										

TABLE DES ÉQUIVALENCES FRANCE - CANADA									
Poids	55 g	100 g	150 g	200 g	250 g	300 g	500 g	750 g	1 kg
	2 onces	3,5 onces	5 onces	7 onces	9 onces	11 onces	18 onces	27 onces	36 onces
Ces équivalences permettent de calculer le poids à quelques grammes près (en réalité, 1 once = 28 g).									
Capacité	5 cl	10 cl	15 cl	20 cl	25 cl	50 cl	75 cl		
	2 onces	3,5 onces	5 onces	7 onces	9 onces	17 onces	26 onces		
Pour faciliter la mesure des capacités, une tasse équivaut ici à 25 cl (en réalité, 1 tasse = 8 onces = 23 cl).									

CAPACITÉS ET CONTENANCES		
Capacité		Poids
1 cuill. à café	0,5 cl	3 g de fécule / 5 g de sel fin ou de sucre en poudre
1 cuill. à dessert	1 cl	
1 cuill. à soupe	1,5 cl	5 g de fromage râpé / 8 g de cacao en poudre, de café ou de chapelure / 12 g de farine, de riz, de semoule, de crème fraîche ou d'huile / 15 g de sel fin, de sucre en poudre ou de beurre
1 tasse à café	10 cl	
1 tasse à thé	de 12 à 15 cl	
1 bol	35 cl	225 g de farine / 260 g de cacao en poudre ou de raisins secs / 300 g de riz / 320 g de sucre en poudre
1 verre à liqueur	de 2,5 à 3 cl	
1 verre à bordeaux	de 10 à 12 cl	
1 grand verre à eau	25 cl	150 g de farine / 170 g de cacao en poudre / 190 g de semoule / 200 g de riz / 220 g de sucre en poudre
1 bouteille de vin	75 cl	

Imprimé en Espagne par Graficás Estella, Estella
Dépôt légal : janvier 2010
303962/01-11009885 novembre 2009